FALKEN SACHBUCH

Illustriertes Handbuch des

TAEKWONDO

Koreanische Kampfkunst
und Selbstverteidigung

von Konstantin Gil

FALKEN
VERLAG

ISBN 3 8068 4053 9

Fotos: Clemens Richard, Walter Ulrich
Satz: Mitterweger KG, Plankstadt
Druck: Gachet & Co., Langen bei Frankfurt

817 2635 4453 6271

INHALT

VORWORT

Die Entwicklung des Taekwondo in den letzten Jahren hat gezeigt, daß man auch hier neue Wege gehen muß. Durch die Gründung der WTF (Welt-Taekwondo-Föderation) sind neue Maßstäbe gesetzt worden. Neben dem Vollkontakt-Kampf, der realistischer und wirklichkeitsnaher den Wettkampf hervorhebt, kommt eine neue Terminologie auf uns zu, die von der WTF benutzt wird.
Außerdem hat man vor allem bei den Formen, den Poomse, neue Wege beschritten. Die Taeguk-Poomse machen es dem Anfänger leicht, Taekwondo zu erlernen. Kampfbetont und ohne für den Anfänger unnötige Schwierigkeiten fließen die Bewegungen der Taeguk-Poomse ineinander und lassen sie für den Übenden zu einem Erlebnis werden. Es ist zu hoffen, daß diese WTF-Poomse recht bald in Deutschland und überall zum Durchbruch kommen, damit die Einheitlichkeit des Taekwondo erreicht wird.

An dieser Stelle gebührt den vielen koreanischen Lehrern Dank für ihre vorbildliche und unermüdliche Arbeit in Sachen Taekwondo seit 1965 in Deutschland. Aber auch ihren Schülern, den deutschen und ausländischen Dan-Trägern, die das Taekwondo in Deutschland verbreiten und dem breiten Publikum zugänglich machen, ist zu danken. Taekwondo hat durch seine Bedeutung für die Gesundheit und für die körperliche und geistige Schulung einen bedeutenden Stellenwert für den Volkssport. Für Kinder, Jugendliche und Erwachsene jeden Alters, ob Mann, ob Frau, ist das Ausüben des Taekwondo gleichsam bedeutend: Es kräftigt die Muskulatur und dadurch auch die Gesundheit, erfrischt den Geist, läßt das Selbstvertrauen wachsen und hat dazu noch den praktischen Wert, eine Selbstverteidigung zu ermöglichen.

Für die Aufnahmen die für dieses Buch nötig waren, haben sich freundlicherweise Sportkameraden und Freunde zur Verfügung gestellt. Auf der Abbildung sind zu sehen: von links, sitzend: Walter Ullrich, Fotograf für Technik und Aktion, 2. Dan Taekwondo; daneben Bae Son-Hyon, 4. Dan Taekwondo; Yun Sin-Ill, 5. Dan Hapkido, der mir bei der Selbstverteidigung wertvolle Hinweise gegeben hat; von rechts, stehend: Park Woo-Soon, 5. Dan Taekwondo; Marion Hof, 1. Dan Taekwondo, eine der ersten Damen in Deutschland, die den schwarzen Gürtel bestanden; der Autor.

WAS IST TAEKWONDO?

Taekwondo ist vor allem ein Kampfsport, bei dem Arme und Beine mittels Schlägen und Tritten zur Abwehr und für den Angriff eingesetzt werden.

Taekwondo setzt sich aus drei altkoreanischen Wörtern zusammen:

TAE – im Sprung treten – kennzeichnet die Beintechniken.

KWON – Faust – weist auf die Handtechniken hin.

DO – Weg, Kunst – kennzeichnet den körperlichen und geistigen Reifeprozeß, auf den nachstehend eingegangen wird.

Während der Ausübung des Taekwondo wird der Körper gekräftigt, er wird geschmeidig, elastisch und stark. Neben dem körperlichen Wohlbefinden stellt sich eine geistig positive Haltung ein, ja es vollzieht sich ein geistiger Prozeß, der scheinbar im Gegensatz zu dieser doch recht brutalen Kriegskunst steht – sind doch die erlernten Kenntnisse in der Hand eines Könners oft ein tödliches Instrument! Nichtsdestotrotz ist es der langen, harten Schule des Taekwondo zuzuschreiben, daß so gut wie keine Schläger oder Rüpel aus dem Lager der Taekwondo-Sportler kommen. Taekwondo schult also gleichermaßen Körper und Geist.

Bereits die anfängliche Übung der Grundtechniken erhöht die Ausdauer und Willenskraft. Ist diese Stufe erreicht, merkt der Schüler, daß nur mit Geduld etwas zu erreichen ist. Der Umgang mit dem Lehrer und den bereits höher graduierten Schülern lehrt ihn, höflich und bescheiden zu sein, führt aber auch zur Kritik und Selbstkritik. Beim Kämpfen werden Eigenschaften wie Selbstbeherrschung, Ehrenhaftigkeit und Gerechtigkeit gefördert. Beim fortdauernden Üben mit den Mitschülern lernt man das Gefühl der Zusammengehörigkeit kennen. Daraus entwickeln sich Integrität, Treue und Hilfsbereitschaft.

Die Zusammenwirkung dieser Eigenschaften und ihre stetige, gemeinsame Weiterentwicklung wird mit dem Begriff DO verständlich gemacht. DO vollzieht sich in uns, gibt uns innere Kraft und spiegelt sich daher auch in unseren Handlungen wieder. Deshalb ist DO eine Weltanschauung, die wir auch auf unser Privatleben und unsere Arbeit übertragen können.

Taekwondo ist im übertragenen Sinn also eine Lebensschule, in der wir lernen, uns in der Welt zurechtzufinden, sie zu verstehen und nach Möglichkeit zu verbessern.

Die Ursprünge

Das Königreich ***Koguryo*** wurde von dem König Tong-Myong-Son-Gwang um 37 v. Chr. südlich der Mandschurei gegründet. Gefundene Grabgemälde aus dieser Zeit zeigen beispielsweise zwei Kämpfer, die sich in der typischen Taekwondo-Stellung gegenüberstehen, oder einzelne Männer beim Ausführen von Taekwondo-Techniken, die auch heute noch gebräuchlich sind. Diese Bilder dokumentieren die Beliebtheit und Popularität dieser Kampfkunst in jener Zeit. Die Häufigkeit dieser Motive auf Gräbern läßt darauf schließen, daß Taekwondo, lange bevor die Gräber bemalt wurden, in Koguryo stark verbreitet gewesen sein muß.

Das Königreich ***Silla*** entstand bereits 20 Jahre früher als Koguryo und bestand trotz Anfeindungen seiner Nachbarn 992 Jahre. Nicht zuletzt war es den Hwarang von Silla, jungen Rittern, die für den Krieg ausgebildet wurden, zu verdanken, daß Silla so lange Bestand hatte. Die Ritter des Hwarang rekrutierte Silla aus Söhnen namhafter Untertanen. Sie wurden auf ihre Persönlichkeit und Unbescholtenheit hin geprüft und ausgewählt. Danach wurden sie verschiedenen Tests unterworfen, von denen eine davon Subak war, einer der Vorläufer des Taekwondo. Die Krieger aus Silla übten viele Sportarten, wie Bogenschießen, Reiten, Jagen, Wandern und Taekwondo.

Andere Beweise für die Existenz und Ausübung des Taekwondo in der Silla-Dynastie sind verschiedene Skulpturen in buddistischen Schreinen und Tempeln aus jener Zeit, in denen die Hwarangdo-Ritter in verschiedenen Kampfszenen zu sehen sind. Schriftliche Dokumente weisen ebenfalls auf das Vorhandensein von Taekwondo hin, damals aber unter den verschiedensten Bezeichnungen bekannt wie Subyokta, Kwonbaek, Byon und Taekyon.

Zahlreicher und genauer sind die Unterlagen aus dem 18 n. Chr. gegründeten Königreich ***Baekje,*** das 642 Jahre bestand. Ihnen ist zu entnehmen, daß verschiedene Könige und Baekje die Kampfkünste wie Reiten, Bogenschießen und Taekwondo förderten. Außerdem berichten sie, daß vor allem Soldaten und Ritter die Kampfkünste wie Taekwondo übten und pflegten. Unter anderem nannte man Taekwondo damals Subyokta.

Um das Jahr 918 entstand das Königreich ***Koryo***, dessen Name noch in unserer Bezeichnung „Korea" erhalten ist. Es bestand hauptsächlich aus dem Zusammenschluß der beiden Königreiche Silla und Baekje, wobei Silla dominierte. Das eigentliche Koryo aber war das unter der Kontrolle beider Reiche stehende Kungye. Es ist historisch belegt, daß Taekwondo dort unter dem Namen Subakhi von der Bevölkerung als Nationalsport betrieben wurde.

Nach dem Zusammenschluß der vier Königreiche Koguryo, Silla, Baekje und Koryo begann man in ***Korea*** Taekwondo zu systematisieren. Im Jahr 1790, in der Yi-Dynastie, wurde ein illustriertes Buch über verschiedene Kriegskünste herausgegeben. Unter verschiedenen Waffenkampfsystemen wurde auch Taekwondo ausführlich behandelt.
Aus dieser Zeit gibt es einen historischen Bericht, daß bei einer Invasion der Japaner 700 Patrioten mit bloßen Händen gegen die Eindringlinge kämpften. Es heißt, daß diese Patrioten alle Taekwondo-Kämpfer gewesen seien. Und wenn ein Grenzkonflikt zwischen den Provinzen ausbrach, wurde er durch eine Konfrontation mit Taekwondo beendet.
Wie auch immer, in den späteren Jahren der Yi-Dynastie verlor Taekwondo an Bedeutung und wurde durch Kunst, Wissenschaften und Politik verdrängt. So vegetierte dieser Kampfsport, nur von einigen Gruppen und Personen aufrechterhalten, bis nach der Befreiung von den Japanern in unserem Jahrhundert dahin.

Die Ausbreitung

Nach dem Zweiten Weltkrieg begannen sich die verschiedenen Gruppen zu organisieren. Der Verdienst für die folgende weite Verbreitung, vor allem aber für die Pflichteinführung des Taekwondo beim koreanischen Militär sowie die Findung des Namens Taekwondo, gebühren General a.D. Choi Hong-Hi.

Die Vielzahl der bestehenden Schulen erschwerte zunächst das Finden einer gemeinsamen Linie. Am Ende jedoch setzte sich die größte und bedeutendste von ihnen, Jidokwan, durch. Um einen gemeinsamen Weg zu gehen, schufen höchste Dan- und Würdenträger des Taekwondo ein modernes, der Zeit angepaßtes System, das heute von der Welt-Taekwondo-Föderation (WTF) anerkannt und propagiert wird.

Die Amerikaner brachten Taekwondo aus dem Koreakrieg in die USA. Von hier aus verbreitete sich dieser Kampfsport über die ganze Welt. Maßgeblich beteiligt daran waren und sind vor allem die Meister Choi Hong-Hi, John Ree und Kwon Jae-Hwa.

Zum Anlaß der 1. Taekwondo-Weltmeisterschaften im Jahr 1973 wurde die Welt-Taekwondo-Föderation, kurz WTF, gegründet. Die Bundesrepublik war bei der Gründung durch Heinz Marx, dem Vorsitzenden der Sektion Taekwondo im DJB, vertreten.

In der BRD besteht Taekwondo bereits seit 1965. Seit 1968 ist Taekwondo als Sektion im Deutschen Judo-Bund (DJB) organisiert. Deutsche Meisterschaften werden seit 1967 durchgeführt. 1975 fanden die ersten Damenmeisterschaften statt und werden nun alljährlich durchgeführt. Der Dan-Tag beschloß 1977, alle vorhandenen Taekwondo-Stilarten anzuerkennen.

Reformen, Veränderungen und Fortschritt

So wie unsere Umwelt sich verändert, auf vielen Gebieten unseres Lebens Reformen notwendig werden, die letztlich für den Fortschritt, sowohl im positiven als auch im negativen Sinn, notwendig sind, so befindet sich Taekwondo in einer fortgesetzten Weiterentwicklung. In Korea hat es seit jeher die verschiedensten Formen der Selbstverteidigung gegeben. Neben dem koreanischen Ringen wurde Selbstverteidigung der unterschiedlichsten Arten geübt. Heute hat man zwei Sammelbegriffe für die beiden Hauptrichtungen.

Die erste Richtung, ***Hapkido***, von der ihre Anhänger behaupten, sie sei die Mutter aller Budo-Richtungen in Ostasien, ähnelt in der Ausführung stark dem in Deutschland reformierten Ju-Jutsu. Hapkido ist in viele verschiedene Schulen unterteilt, die jedoch seit einigen Jahren dem Bestreben des koreanischen Dachverbandes nachgeben und langsam zu einem einheitlichen System zusammenschmelzen.

Der zweiten Richtung, ***Taekwondo***, sagt man zwar nicht nach, der Ursprungskampfsport zu sein, doch gilt sie als eine der ältesten Kampfsportarten der Welt, was durch historische Dokumente zu erhärten versucht wird. Dennoch kann niemand leugnen, daß Taekwondo zunächst vom chinesischen Kung-Fu und dann später, in unserem Jahrhundert, vom japanischen Karate stark beeinflußt worden ist. Wie Hapkido, besteht auch Taekwondo aus einer Vielzahl von Schulen. Die Welt-Taekwondo-Föderation hat die Bestrebung, sie alle in einem gemeinsamen System unterzubringen. Die Mehrzahl der Schulen in Korea übt bereits nach dem neu geschaffenen System. Die Einigkeit sollte jedoch in der ganzen Welt erzielt werden. Dazu ist es notwendig, daß jeder einzelne dieses Ziel unterstützt und mit allen seinen Kräften vorwärtstreibt.

Kukkiwon, Welt-Taekwondo-Center, wo die Ersten und Zweiten Taekwondo-Weltmeisterschaften stattfanden. Kukkiwon steht im Süden Seouls, der Hauptstadt von Südkorea.

Delegierte der Gründungsversammlung des Welt-Taekwondo-Verbandes vor dem Eingangsportal zum Kukkiwon am 28. Mai 1973.

Massendemonstration des Taekwondo im Stadion von Seoul anläßlich nationaler Athletik-Meisterschaften.

Weltmeisterschaftskämpfe im Kukkiwon.

Wettkampfszenen der Weltmeisterschaften.

Skulptur der Kumgang-Wächter in der Sokkuram-Höhle von Kyongi, der Hauptstadt der Silla-Dynastie.

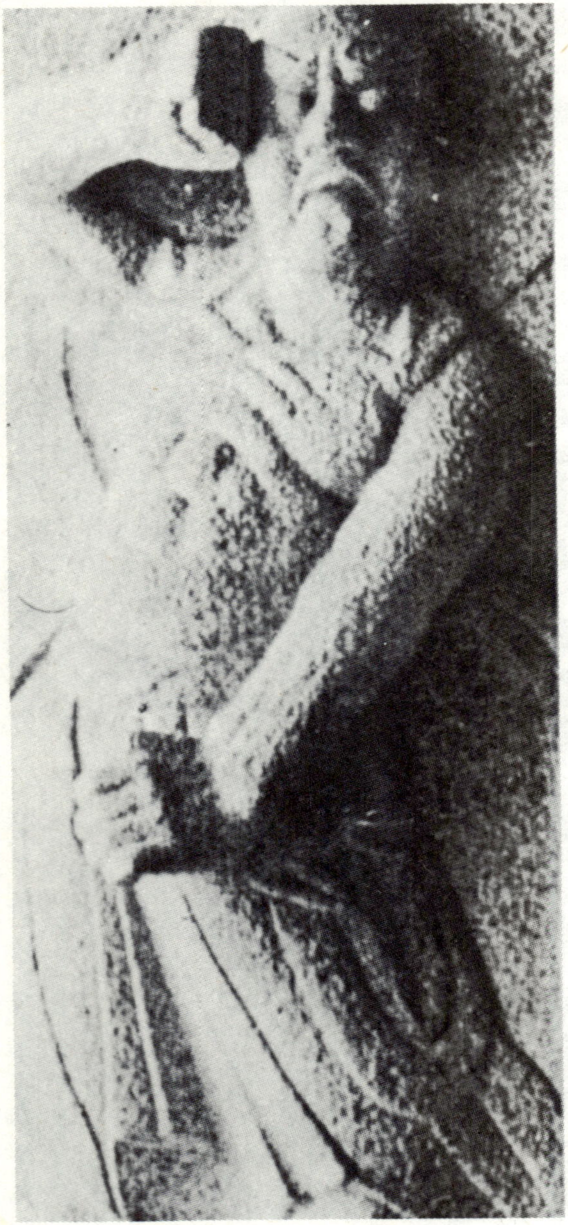

GYMNASTIK

001

002

Eine der wichtigsten Kriterien im Training des Taekwondo ist die Gymnastik. Da es beim Taekwondo vor allem um viele und variationsreiche Beintechniken geht, sollen hier hauptsächlich die Dehnungsgymnastik und Lockerungsübungen erläutert werden.
Bevor Dehnungsgymnastik durchgeführt wird, muß der Körper gut erwärmt sein. Dies erreicht man durch Laufen, Springen, Hüpfen (Seil), Liegestützen, Sit-ups, Kniebeugen usw.

003

004

Vorschlag zur Reihenfolge der Übungen:

1. Kniebeugen mit Durchdrücken der Knie (Abb. 1, 2).
2. Abwechselndes Durchdrücken der Knie, dabei über die Ferse abrollen (Abb. 3, 4).
3. Kniebeugen auf einem Bein, wobei das andere Bein zur Seite gestreckt und auf der Ferse abgerollt wird. Abwechselnd ausführen (Abb. 5, 6).

005

006

007

008

4. Gleichgewichts- und Gelenkigkeitsübung: Das Bein an der Fessel fassen, hochziehen und waagerecht zum Boden vor und zurück bewegen (Abb. 7, 8).

009

010

5. Dehnübung: Erst im Stehen mit geschlossenen Beinen und dann mit gespreizten Beinen im Turnus den Oberkörper mit den Armen beiziehen; mindestens 30 Sekunden halten, dann lockern (Abb. 9, 10).

011

012

6. Dehnungs- und Gelenkigkeitsübung: Bei gespreizten Beinen rechte Faust zum linken Fuß und dann linke Faust zum rechten Fuß schwingen; dabei jeweils den anderen Arm nach oben zurückschwingen (Abb. 11, 12).

7. Lockerungs- und Gelenkigkeitsübung: Beide Arme in Schulterhöhe anwinkeln, Beine spreizen und dann den Körper schwungvoll abwechselnd nach rechts und links hinten drehen (Abb. 13, 14).

013

014

8. Dehnübung für Oberschenkel und Kniekehlen im Sitzen: Beide Beine vorn schließen, mit den Händen die Fersen oder Fesseln ergreifen und den Oberkörper so weit wie möglich zu den Oberschenkeln heranziehen; diese Stellung mindestens 30 Sekunden halten (Abb. 15).
Dasselbe kann man mit einem untergeschlagenen oder nach hinten abgewinkelten Bein ausführen (Abb. 16).

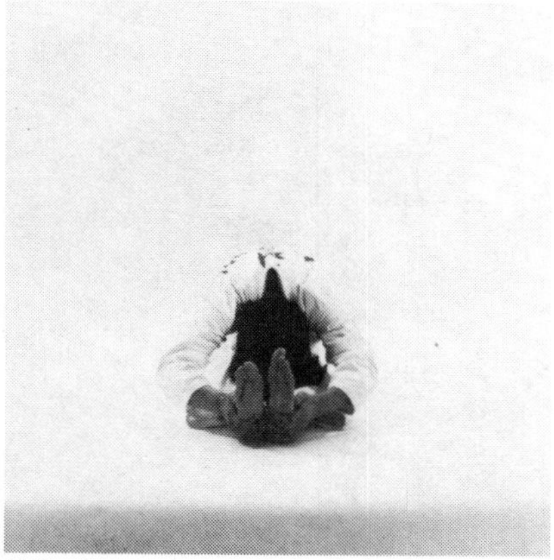
015

016

9. Gelenkigkeitsübung für Knie- und Hüftgelenke: Im Sitzen die Füße zusammenführen, zum Körper heranziehen und mit den Händen festhalten; nun mit den Knien auf und ab wippen (Abb. 17, 18).

017

018

019

10. Dehnübung für die Oberschenkel und Gelenkigkeitsübung für die Hüftgelenke: Beine so weit wie möglich spreizen, mit den Händen in Richtung der Fersen greifen und den Oberkörper nach vorn auf den Boden senken. In dieser Stellung mindestens 20 Sekunden ausharren (Abb. 19).
11. Lockerungs- und Gelenkigkeitsübung durch Hüftkreisen, z. B. erst einige Male rechts herum, dann links herum (Abb. 20, 21).

020

021

Die hier angeführten Übungen gehören zum Standard der gymnastischen Übungen im Taekwondo. Wenn sie am Anfang nicht so gelingen, wie auf den Abbildungen demonstriert, sollte man nicht verzweifeln, sondern unentwegt weiterüben.

Verschiedene Arten der Gymnastik

Man unterscheidet verschiedene Gymnastikarten, von denen drei hier angeführt werden sollen.

Dynamische Gymnastik: Dazu gehören alle Übungen die den gesamten Organismus in Bewegung setzen, wie z. B. Laufen, Springen (auch auf der Stelle) und andere in diesem Zusammenhang stehende Übungsformen.

Statische Gymnastik: Dazu gehören alle Übungen, die im Stehen, Liegen oder Sitzen ausgeführt werden, ohne daß man sich von der Stelle bewegt.

Konditions-Gymnastik: Sie setzt sich aus den beiden vorangegangenen Gymnastikformen zusammen. Während durch die dynamische Gymnastik die Ausdauer gefördert wird, ist die statische Gymnastik vor allem notwendig für Aufbau und Kräftigung der Muskulatur. Ein ausgewogener Aufbau der Gymnastik ist Voraussetzung für eine optimale Taekwondo-Ausbildung.
Jeder gute Trainer hat ein reichhaltiges Repertoire an Gymnastikübungen, die er auf das Training überträgt. Während er den Anfänger leichte Übungen lehrt, verlangt er von den Fortgeschrittenen und Spitzensportlern gymnastische Übungen aus allen Bereichen. Besonders, wenn Wettkämpfe bevorstehen, verstärkt sich das Gymnastik-Training. Ein Gymnastikaufbau sieht folgendermaßen aus: aufwärmen, Ausdauer, lockern, Kraft, lockern, Dehnung, lokkern; Training, zwischendurch Gymnastik.

1

Taekwondo beginnt und endet mit der Grundtechnik. Für den Taekwondo-Kämpfer ist sie die Grundlage und Voraussetzung für seine Erfolge im Wettkampf und die Selbstsicherheit im täglichen Leben. Angefangen bei den ersten Schritten begleitet ihn die Grundtechnik bis zum Ende seiner Laufbahn als Wettkämpfer und darüber hinaus. Die Grundtechnik ist oft das einzige, was einem Kämpfer nach einer langjährigen Pause geblieben ist und worauf er bei Wiederbeginn wieder aufbauen kann.

Die Grundtechnik wird in vielen Variationen geübt: in der Gruppe, mit Partner, allein, mit Spiegel, an Trainingsgeräten, als Einzeltechnik, als Kombination verschiedener Techniken, schnell, langsam, auf Kondition oder auf Genauigkeit bedacht.

Der Anfänger beginnt mit dem Erlernen der Stellungen, der Haltung und Bewegung. Fast gleichzeitig erhält er Kenntnisse von einfachen Schlägen, Abwehren und Tritten, die in seinem Grundschultraining enthalten sind. Beim Weiterüben festigen sich die gelernten Techniken und es kommen neue, schwierigere hinzu.

Bei regelmäßigem Training erweitert sich die Palette der Grundtechnik fast automatisch, und es liegt dann am Schüler, das Gelernte umzusetzen, also die Techniken zur rechten Zeit und an der richtigen Stelle einzusetzen.

3

2

4

Die Stellungen bilden die Basis für fast alle Taekwondo-Techniken. Aus diesem Grund werden sie hier zuerst vorgestellt.
Manche Stellungen sind nur als Vorbereitung zum Training oder Kampf erforderlich, andere werden nur für Sekundenbruchteile eingenommen, um eine Technik auszuführen oder nur, um sich zu bewegen, und wieder andere lassen sich als ständige Kampfstellungen benutzen. Eine Taekwondo-Stellung verhilft in erster Linie zu einem festen Stand und zu einem im normalen Leben ungewöhnlich hohen Gleichgewicht. Und Gleichgewicht ist, wie jeder Taekwondo-Sportler weiß, eines der wichtigsten Kriterien im Taekwondo.
Der Oberkörper wird immer aufrecht gehalten. Jede Neigung zur Seite, nach vorn oder nach hinten kann zum Gleichgewichtsverlust führen und den Kämpfer in eine ungünstige Position bringen. Der ganze Körper ist locker und wird nur im Moment der Stellungseinnahme kurz und fest angespannt, um sich im nächsten Augenblick wieder zu lockern. Würde der Körper immer locker bleiben, wären die Techniken zu schwach; wäre er immer gespannt, würde man zu schnell ermüden und die Techniken würden zu langsam ausgeführt.

5

6

7

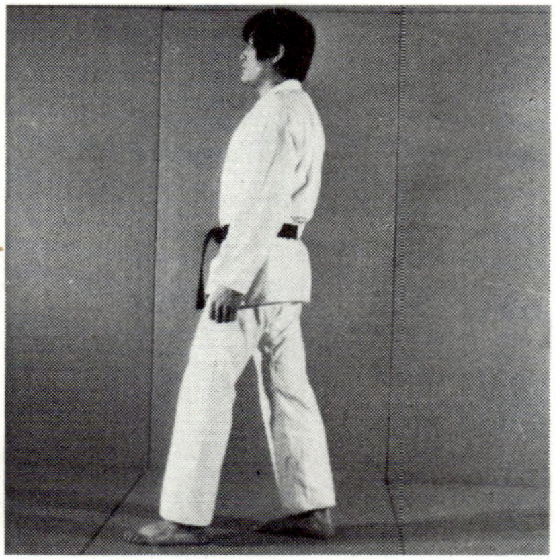

8

Moa-sogi
Geschlossene Stellung (Abb. 5)

Diese Stellung dient der Vorbereitung, der Sammlung und der Konzentration. In dieser Stellung grüßt man die Fahne, den Sabom (Lehrer) und den Partner. Die Füße sind an Zehen und Fersen geschlossen.

Pyonhi-sogi (Narani-sogi)
Parallele Stellung (Abb. 6)

Pyonhi-sogi ist ebenfalls eine typische Vorbereitungsstellung, auch Chunbi-sogi genannt.
Die Füße stehen in schulterbreitem Abstand, die Zehen zeigen nach vorn, das Gewicht ist auf beide Beine gleichmäßig verteilt.

Ap-sogi
Vorwärtsstellung (Abb. 7, 8)

Ap-sogi ist für einen Anfänger leicht zu erlernen. Sie wird in der Nahdistanz benutzt. Die Stellung ist von einer Zehenspitze zur anderen eine Schulterbreite lang und von einer Fußkante zur anderen so breit wie die eigene Hüfte. 70 Prozent des Gewichts ruhen auf dem vorderen Bein, 30 Prozent auf dem hinteren. Das vordere Bein ist entweder gestreckt oder leicht gebeugt.

Ap-gubi (Chongul-sogi)

Vorwärts-Beugestellung (Abb. 9–12)

Ap-gubi ist sowohl für einen starken Angriff als auch für einen kräftigen Block die beste Stellung. Sie vermittelt dem Kämpfer ein hervorragendes Gleichgewicht und läßt durch ihren guten Stand fast alle Techniken stärker wirken. Der Nachteil von Ap-gubi liegt darin, daß man aus dieser Stellung nur verhältnismäßig langsam wieder herauskommt. Die Vorteile jedoch überwiegen und zeichnen sie als sehr wertvolle Stellung aus.

Ap-gubi sollte im Kampf immer nur kurz zum Angriff, zur Verteidigung oder zum Überbrücken von Entfernungen eingenommen werden. Sie wird als Vorwärts-Beugestellung bezeichnet, weil das weit nach vorn gestellte Bein gebeugt ist.

9

10

11

Ap-gubi wird folgendermaßen ausgeführt:

1. Beide Füße stehen mit ihren Sohlen fest auf dem Boden. Sie zeigen mit den Zehen nach vorn, wobei der hintere Fuß um etwa 45 Grad nach außen gedreht werden kann.
2. Das hintere Bein ist gestreckt, die Hüfte dadurch eingedreht.
3. Das Schienbein des vorderen Beines steht senkrecht. Das Knie befindet sich dadurch über der Ferse.
4. Der Oberkörper ist aufrecht. Das Gewicht ruht zu etwa 70 Prozent auf dem vorderen Bein und zu 30 Prozent auf dem hinteren.

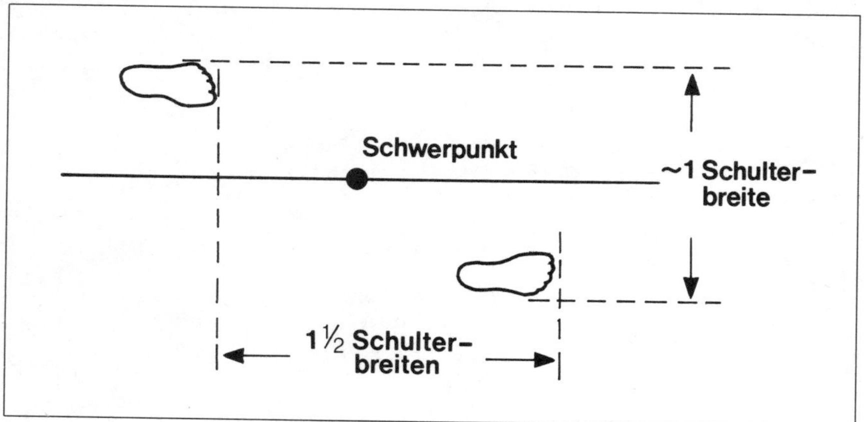

12

13

14

Dwit-gubi (Hugul-sogi)

Rückwärts-Beugestellung (Abb. 13–16)

Dwit-gubi, die Rückwärts-Beugestellung, wird so genannt, weil das hintere Bein gebeugt ist und die Stellung nach rückwärts sehr stark ist. Sie wird oft auch als Kampfstellung benutzt.

Dwit-gubi wird als Abwehrstellung bevorzugt, hat aber auch im Angriff ihre Vorteile, da sie sehr flexibel ist.

15

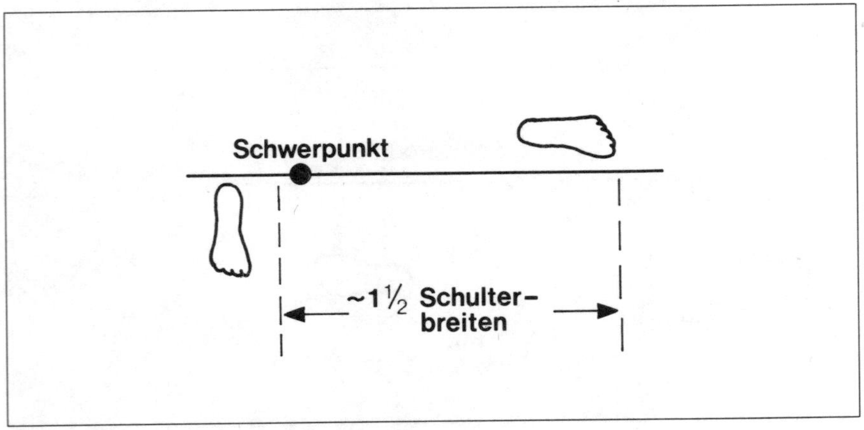

16

Sie wird wie folgt ausgeführt:

1. Beide Füße stehen mit der Sohle fest auf dem Boden.
2. Der vordere Fuß zeigt nach vorn, der hintere zur Seite (nicht nach hinten).
3. Beide Knie sind gebeugt, das vordere leicht, das hintere so, daß es über den Zehen des hinteren Fußes steht.
4. Der Oberkörper ist aufrecht und befindet sich seitlich zur Angriffsrichtung. Das Gewicht ruht zu 70 Prozent auf dem hinteren und zu 30 Prozent auf dem vorderen Bein.

17

18

Bom-sogi (Dwit-bal-sogi)

Tiger-Stellung (Rückbeinstellung)
(Abb. 17–19)

Bom-sogi ist eine Stellung, aus der sich viele Aktionen schnell ausführen lassen, da sie eine enorme Spannung in sich birgt. Sie wird oft als Ausweichstellung benutzt, da aus ihr sowohl mit dem vorderen als auch mit dem hinteren Bein sehr schnell getreten oder vorgegangen werden kann.

Die Ausführung sieht so aus:

1. Der hintere Fuß steht mit der Sohle fest auf dem Boden, wobei die Zehen etwa in einem 40-Grad-Winkel nach vorn gerichtet sind.
2. Der vordere Fuß berührt mit dem Fußballen den Boden.
3. Die Knie sind gebeugt, so daß das Knie des hinteren Beines sich über dessen Zehen befindet.
4. Der Oberkörper ist aufrecht. Das Gewicht ruht ausschließlich auf dem hinteren Bein.

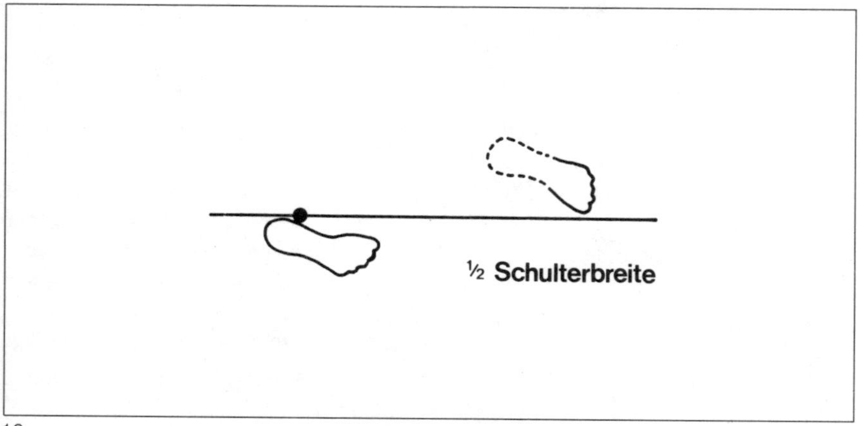

19

20

Hagdari-sogi

Kranichbeinstellung (Abb. 20)

Hagdari-sogi dient vor allem zur Vorbereitung eines Trittes, kann aber auch für Handtechniken benutzt werden. Letztere werden allerdings nur selten angewandt, weil die Schlagkraft in dieser Stellung sehr gering ist.

Hagdari-sogi wird so ausgeführt:

1. Der Standfuß steht mit der Sohle fest auf dem Boden.
2. Das Standbein ist leicht gebeugt.
3. Das andere Bein ist mit dem Fuß bis zum Knie des Standbeins hochgezogen.

21

22

23

Goa-sogi (Kyotcha-sogi)

Überkreuzstellung (Abb. 21)

Goa-sogi wird vor allem für eine schnelle Seitwärtsbewegung gebraucht. Hierbei wird das Schrittbein vor oder hinter dem Standbein in Angriffsrichtung gekreuzt.

Die Ausführung von Goa-sogi:

1. Der Fuß des Standbeins steht mit der Sohle fest auf dem Boden, während der andere Fuß zunächst nur mit dem Fußballen den Boden berührt.
2. Beide Knie sind leicht gebeugt.
3. Der Oberkörper ist aufrecht. Das Gewicht liegt auf dem Standbein.
4. Der Kopf ist in Angriffsrichtung gedreht.

Chuchum-sogi

Unbestimmte Stellung (Abb. 22)

Chuchum-sogi ist eine leichte Seitwärtsstellung. Sie ist sehr flexibel und wird wegen ihrer Beweglichkeit oft als Kampfstellung benutzt.

Merkmale von Chuchum-sogi:

1. Beide Füße stehen mit der Fußsohle fest auf dem Boden, wobei die Zehen leicht nach außen gerichtet sind.
2. Der Abstand zwischen den Füßen beträgt etwa eineinhalb Schulterbreiten.
3. Die Knie sind leicht gebeugt.
4. Der Oberkörper ist aufrecht und das Gewicht ist auf beide Beine gleichmäßig verteilt.

Kima-sogi

Seitwärts-(Pferdesitz-)stellung (Abb. 23)

Kima-sogi ist eine starke Seitwärtsstellung. Aus ihr heraus sind starke Abwehren und Angriffe zur Seite möglich.

Kima-sogi wird wie folgt ausgeführt:

1. Beide Füße stehen mit der Sohle fest auf dem Boden, wobei die Zehen leicht nach innen gerichtet sind.
2. Der Abstand zwischen den auf einer Linie stehenden Füßen beträgt etwas mehr als eineinhalb Schulterbreiten.
3. Die Knie sind stark gebeugt, wobei sie gleichzeitig seitwärts nach außen gedrückt werden.
4. Der Oberkörper ist aufrecht; das Gewicht ruht gleichmäßig auf beiden Beinen.

24

Abwehren dienen dazu, den Kämpfer vor Treffern zu schützen und einen eventuellen Gegenangriff vorzubereiten.

In der Praxis unterscheidet man zwei Arten von Abwehren: die schulmäßige Abwehr, die in der Grundschule gelehrt wird, und die kampfmäßige Abwehr, die im Kampf angewandt wird.

Die schulmäßige Abwehr umfaßt den gesamten Ablauf der Abwehrbewegung, was dazu dient, die Abwehr aus nahezu jeder augenblicklichen Haltung schnellstens wirkungsvoll einsetzen zu können.

Die kampfmäßige Abwehr ist auf den notwendigsten Bewegungsablauf reduziert, da der Kämpfer keine Zeit für weit ausholende Bewegungen hat. Hier ergibt sich die Abwehr aus der Deckung des Kämpfers heraus.

Die meisten Abwehren funktionieren nach dem Ablenkprinzip; dieses Prinzip besagt: Wird eine sich schnell bewegende Masse, beispielsweise eine Gewehrkugel, von der Seite von einem im Verhältnis gesehen relativ leichten Stoß getroffen, verursacht beispielsweise durch einen hochschnellenden Zweig, verändert sich die Flugrichtung nach vorn in der Relation des seitlichen Impulses zur Geschwindigkeit und Masse des Projektils.

Einige Abwehren dienen dazu, den Angriff direkt zu stoppen beziehungsweise seine Geschwindigkeit soweit zu reduzieren, daß er beim Auftreffen seine Wirkung verloren hat.

Abwehrstufen:

25

Olgul (Sangdan) (Abb. 25)
Abwehren, die Kopf und Hals schützen, nennt man Olgul-makki.

26

Momdong (Chungdan) (Abb. 26)
Abwehren, die den Körper zwischen Hals und Taille (Gürtellinie) schützen, werden Momdong-makki genannt.

27

Arae (Hadan) (Abb. 27)
Abwehren, die den Körper von der Taille abwärts schützen, bezeichnet man als Arae-makki.

An-makki
Innenblock (Abb. 28)

Abwehren, die von außen nach innen durchgeführt werden, nennt man An-makki.

28

Pakkat-makki
Außenblock (Abb. 29)

Von innen nach außen ausgeführte Abwehren werden Pakkat-makki genannt.

29

Yop-makki
Seitwärtsblock (Abb. 30)

Yop-makki ist praktisch derselbe Block wie Pakkat-makki, nur daß hier der Körper des Abwehrenden genau seitlich zum Angreifer steht.

30

31

32

34

Palmok-makki
Unterarmblock (Abb. 31)

Die hauptsächlichen Abwehrteile des Unterarms sind:
An-palmok – Innenunterarm (die Daumenseite des Unterarms);
Pakkat-palmok – Außenunterarm (die Kleinfingerseite des Unterarms).

33

35

Olgul-makki
Gesichtsblock (Abb. 32–36)

Olgul-makki ist die Grundbezeichnung und gleichzeitig auch der Name für den auf den Abbildungen dargestellten Block.
Der blockende Arm wird beim Üben direkt von der Hüfte vor dem anderen Arm nach oben geführt und im letzten Moment mit der Außenseite nach oben gedreht.

Wichtig ist, daß der Arm vor dem Gesicht geführt wird und nicht neben dem Gesicht.
Durch die Drehung des Armes vergrößert sich die Blockkraft erheblich.

Wird mit der Handkante abgeblockt, so befindet sich die Handkante knapp über der Stirn.

36

37

38

Pakkat-palmok-pakkat-makki

Auswärtsblock mit dem äußeren Unterarm (Abb. 37–40)

In der Ausführung ist Pakkat-palmok-olgul-pakkat-makki zu sehen. Die Ausführung ist bis in Höhe des Gesichts dieselbe wie bei Olgul-makki, nur daß in dieser Phase der Arm nach außen gedreht wird.

39

Geblockt wird mit dem äußeren Unterarm.

Weitere Ausführungen gibt es als:

a) Pakkat-palmok-momdong-pakkat-makki
b) Pakkat-palmok-yop-makki (sowohl Olgul als auch Momdong)

40

41

42

Arae-makki
Tiefblock (Abb. 41, 42)

Unter der Allgemeinbezeichnung Arae-makki wird der Standard-Tiefblock mit dem äußeren Unterarm verstanden. Schulmäßig beginnt er an der senkrechten Linie der gegenüberliegenden Schulter in Brusthöhe mit dem Faustrücken zum Boden. Der andere Arm überkreuzt den Blockarm darunter mit dem Faustrücken nach oben.

Während der Blockarm nach unten geführt wird und kurz vor dem Endpunkt mit dem äußeren Unterarm nach außen gedreht wird, geht der andere Arm mit der Faust an die Hüfte in Ausgangsstellung.
Die Bewegung des Blockarmes endet zwei Fausthöhen über dem vorderen Knie. Der Arm ist in der Endphase leicht gebeugt. Bei Ausführung in Ap-gubi ist die Schulter etwas vorgeschoben.

Anpalmok-pakkat-makki
Auswärtsblock mit dem inneren Unterarm (Abb. 43–45)

Die Abwehr beginnt an der gegenüberliegenden Hüfte, wobei die Faust des Blockarmes nach oben gedreht ist. Der andere Arm überkreuzt ihn darüber mit der Faust nach oben.
Der Abwehrarm geht am anderen zurückgehenden Arm außen vorbei und wird kurz vor dem Endpunkt (gegenüber seiner Schulter) mit dem Innenarm nach oben gedreht. Er ist im 90-Grad-Winkel gebeugt.
Folgende Ausführungen werden unterschieden:
a) Anpalmok-olgul- pakkat-makki
b) Anpalmok-momdong- pakkat-makki
c) Anpalmok-arae-pakkat-makki

43

44

45

46

47

48

Pakkat-palmok-an-makki

Innenblock mit dem äußeren Unterarm (Abb. 46–48)

Zum Palmok-an-makki setzt man seitlich vom Körper an und bringt den Arm mit der geballten Faust zum Blocken nach vorn.
Der Unterarm dreht sich kurz vor dem Endpunkt gegenüber der Mitte des Körpers nach innen, wobei mit dem äußeren Unterarm abgewehrt wird.
Da dieser Block als universaler Körperblock angesehen wird, bezeichnet man ihn in dieser Stufe einfach als Momdong-makki oder Momdong-an-makki.
Folgendes ist noch zu beachten: Beim Einrasten des Blockes gegenüber der Körpermitte wird der Oberkörper etwas abgedreht.

Goduro-makki (Tupalmok-makki)

Starker Block (Abb. 49, 50)

Goduro-makki wird mit dem inneren Unterarm bei Unterstützung durch den anderen Unterarm ausgeführt.
Bei Blockbeginn befindet sich der Blockarm an der gegenüberliegenden Hüfte und der Stützarm in etwa gleicher Höhe seitlich neben dem Körper. Beide Fäuste sind mit dem Faustrücken nach oben gerichtet.

Während der Blockarm die Bewegung von Anpalmok-makki ausführt, wird der Stützarm gleichzeitig so nach vorn geführt, daß er beim Einrasten des Blockes den Ellenbogen des Blockarmes mit der Faust unterstützt. Dabei wird die Faust mit dem Faustrücken nach unten gedreht.
Wird der Blockarm mit der Handfläche des Stützarmes unterstützt, wobei die Finger auf dem Blockarm liegen, wird der Block Sonbadak-goduro-makki genannt.

49

50

51

52

53

Hechyo-makki
Keilblock (Abb. 51–53)

Hechyo-makki ist vor allem gegen Würgeangriffe und beidseitiges Anfassen der Schultern gedacht.
Beide Arme werden vor der Brust gekreuzt, und zwar so, daß die Faustrücken nach vorn zeigen. Dann führt man beide Arme seitlich nach vorn, wobei sie mit dem äußeren Arm auswärts gedreht werden. Der Endpunkt ist erreicht, wenn sich beide Fäuste gegenüber den Schultern befinden.
Die Arme sind etwa 90 Grad angewinkelt und die Ellenbogen leicht nach außen gerichtet.
Abb. 3 zeigt Hechyo-makki in der Anwendung.

Weiter gibt es noch:
a) Sonnal-hechyo-makki
b) Dung-sonnal-hechyo-makki
c) Anpalmok-hechyo-makki

Santul-makki
Bergblock (Abb. 54, 55)

Santul-makki wird so genannt, weil er den Eindruck von Kraft und Unverrückbarkeit vermittelt.
Der Block wird bei gleichzeitigem Angriff von zwei Seiten verwendet.
Beide Arme werden aus der anfänglichen gekreuzten Position vor der Brust seitwärts nach oben geführt.
Die Oberarme befinden sich dann waagerecht und die Unterarme senkrecht zum Boden. Die Innenseiten der Arme schlagen die Angreifer nach hinten weg.
Eine Variation ist Sonnal-santul-makki, der mit den Handkanten ausgeführt wird.
Santul-makki kann aber auch durch eine Körperdrehung ausgeführt werden, indem die Arme vorher schon die Position einnehmen. Hierbei wird der eine Angriff nach vorne und der andere nach hinten abgewehrt.

54

55

56

59

57

58

Otgoro-makki
Kreuzblock (Abb. 56–59)

In der Ausgangsstellung befinden sich die Arme an den Körperseiten.
Der Block kann mit Fäusten oder Handkanten ausgeführt werden.
Bei Unterleibabwehr werden die Arme vor dem Bauch an den Handgelenken gekreuzt und nach unten gedrückt. Fäuste oder Handkanten stehen dabei senkrecht zueinander.

Bei Gesichtsabwehr werden die Arme vor der Brust gekreuzt und dann nach oben geführt. In der Endposition dürfen die Arme die Sicht nicht behindern.
Wird der Block mit Fäusten ausgeführt, so heißt er Otgoro-makki, nimmt man dazu die Handkanten, ist die Bezeichnung Sonnal-otgoro-makki.

60

61

Sonnal-makki
Handkantenblock (Abb. 60, 61)

In der Ausgangsstellung zu Sonnal-makki befindet sich die Blockhand an der gegenüberliegenden Schulter (mit der Handfläche zu dieser gekehrt) und die andere Hand in derselben Höhe wie die Blockhand mit der Handfläche nach unten etwas hinter dem Körper.
Beide Hände werden gleichzeitig nach vorn geführt, bis sie die endgültige Position wie auf Abb. 60 erreichen.
Die blockende Handkante ist schräg gegen den Angreifer gerichtet, die andere Hand befindet sich in Höhe des Solarplexus mit der Handfläche nach oben.
Eine Variation ist Han-sonnal-pakkat-makki, (Einzelhandkantenblock), wie auf Abb. 61 gezeigt. Han-sonnal-pakkat-makki wird wie Pakkat-palmok-pakkat-makki ausgeführt.

Weitere Handkantenblöcke:
a) Han-sonnal-an-makki
b) Han-sonnal-yop-makki

Batangson-an-makki
Handflächenblock innen (Abb. 62, 63)

Bei diesem Block werden Angriffe mit der Handfläche von außen nach innen abgewehrt, wobei die Abwehr meist schräg nach unten erfolgt.
Abb. 63 zeigt den Batangson-an-makki in der Anwendung.

62

63

Fußabwehren

Yopcha-olligi
Seitwärtsbeinschwung (Abb. 65)

Das Bein wird gestreckt seitlich nach oben geschwungen. Der Block erfolgt mit der Fußkante. Der Fuß ist fest angewinkelt und die Fußkante befindet sich waagerecht zum Boden. Das Standbein ist leicht gebeugt. Der Oberkörper ist zum Blockbein gewandt und darf nicht weggekippt werden.

65

64

Pyojok-chagi (Pandal-chagi)
Zieltritt (Abb. 66)

Pyojok-chagi wehrt den Angriff mit der Sohle ab. Das Bein wird mit leicht gebeugtem Knie im Bogen nach oben innen gezogen, wobei der Fuß mit den Zehen nach oben gerichtet ist. Beim Auftreffen streckt sich das Bein, um den Angriff mit der Sohle wegzuschlagen. Nach der Abwehr wird es sofort wieder gebeugt, damit das Gleichgewicht erhalten bleibt oder nachgetreten werden kann.

66

Apcha-olligi
Vorwärtsbeinschwung (Abb. 64)

Das Bein wird gestreckt nach oben geschwungen. Der Block erfolgt mit dem Fußballen. Das Standbein ist leicht gebeugt.

Kolchyo-chagi
Hakentritt (Abb. 67)

Kolchyo-chagi ist der Widerpart zu Pandal-chagi. Hier wird mit der Fußaußenkante abgewehrt. Auf dem Weg nach oben beschreibt der Fuß einen Bogen, zunächst nach innen und dann nach außen, ähnlich einem Angelhaken.

67

Cha-mumchugi
Stopptritt (Abb. 68, 69)

68

Cha-mumchugi werden alle Tritte genannt, die einen Angriff zum Stoppen bringen, aber den Gegner nicht sofort ausschalten.
Abb. 68 zeigt einen Yopcha-mumchugi bei Trittabwehr.

69

Wird ein vorstürmender Gegner mit einem Seitwärts- oder Vorwärtstritt gestoppt, nennt man das ebenfalls Yopcha- oder Apcha-mumchugi.
Abb. 69 zeigt den Nullo-an-mumchugi, den Innen-Druck-Stopptritt mit der Sohle.
Eine Variation davon ist der Nullo-pakkat-mumchugi, der nach außen mit der Fußkante abwehrt. Er ähnelt damit dem Yopcha-mumchugi, wehrt den Tritt aber nach unten ab.

70

Murup-makki
Knieblock (Abb. 70)

Bei Murup-makki wird der Angriff mit dem Knie oder Oberschenkel abgeblockt oder abgelenkt.
Murup-makki wird angewandt, wenn der Gegner aus geringer Distanz einen Angriff startet.

71

Die Angriffstechniken des Taekwondo werden zu verschiedensten Zwecken angewandt. Die einen Techniken betäuben nur weil durch sie der Blutkreislauf unterbrochen wird. Andere halten vom Angriff ab, da sie an ungefährlichen Stellen schwächer, aber doch schmerzhaft eingesetzt werden. Wieder andere Techniken – aber auch die bereits genannten, wenn sie mit aller Konsequenz durchgeführt werden und dabei verletzbare Körperstellen treffen – führen zu schweren inneren und äußeren Verletzungen, die sogar lebensgefährdend sein können.

Die Angriffstechniken unterteilen sich in Arm- und Beintechniken; diese wiederum werden unterschieden in:
Stoßtechniken – Jirugi
Stichtechniken – Chirugi
Schlagtechniken – Chiki
Trittechniken – Chagi

Die mit der Hand auszuführenden Stoß- und Stichtechniken sind am schnellsten für den Angriff nutzbar. Etwas langsamer, aber nicht weniger wirkungsvoll sind die Schlagtechniken. Die Tritte sind zwar die langsamsten Angriffstechniken, dafür haben sie aber etwa die dreifache Durchschlagskraft der Handtechniken. Aus diesem Grund werden Beintechniken von Taekwondo-Sportlern besonders gern geübt und angewandt.

Jirugi - Stoßtechniken

Wird mit Jumok (Faust), Pyon-jumok (Flachfaust) oder Bam-jumok (Knöchelfaust) zugestoßen, so wird das Jirugi genannt.
Jirugi bedeutet: mit der Faust von der Hüfte aus zum Ziel stoßen.

In Grundstellung befindet sich die Faust mit dem Faustrücken zum Boden an der Hüfte. Diese Fauststellung wird Jochin-jumok genannt.
Aus Jochin-jumok heraus wird die Faust mit einer Drehung nach innen zum Ziel gestoßen, bis der Arm gestreckt und der Faustrücken nach oben gedreht ist. Diese umgedrehte Faust nennt man Opun-jumok.
Damit der Stoß seine größte Wirkung erreicht, wird die Hüfte eingedreht. Die andere Faust geht gleichzeitig zum Stoß zur Hüfte zurück.

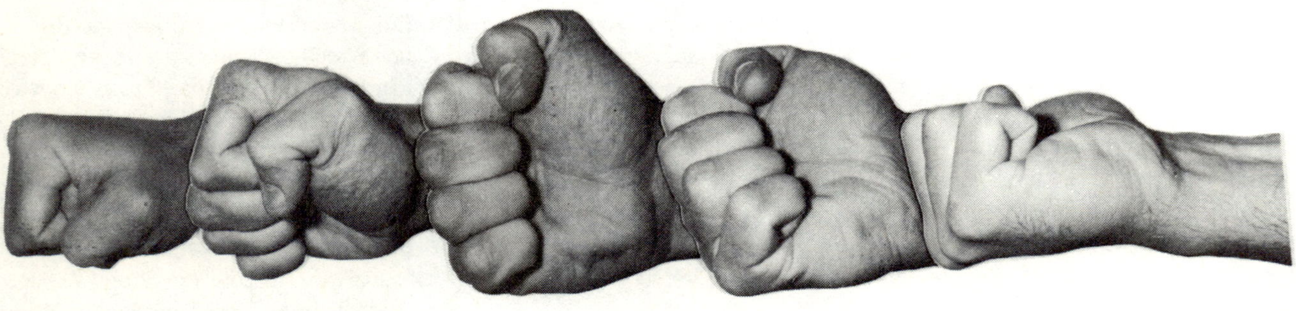

Stoßteile:

Jumok
Faust (Abb. 73–77)

Gestoßen wird frontal mit den Knöcheln der Zeige- und Mittelfinger. Diese bilden eine Verlängerung des Unterarms in gerader Linie.

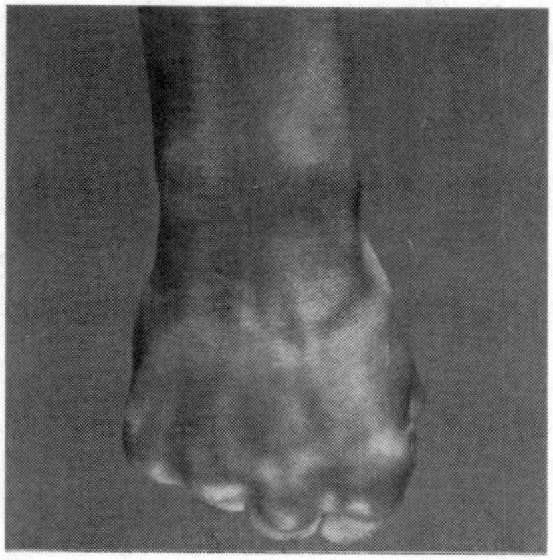

74

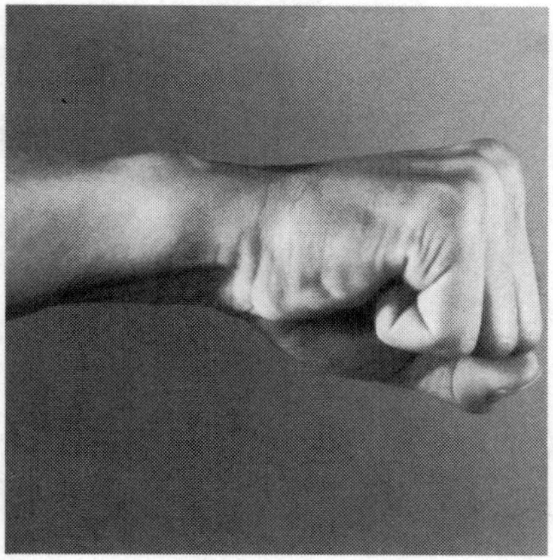

77

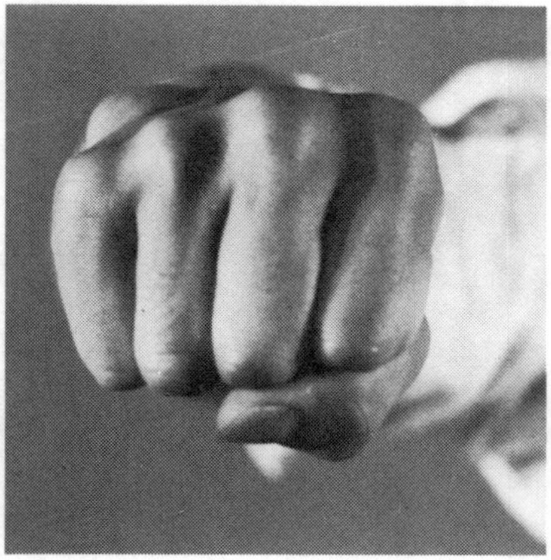

73

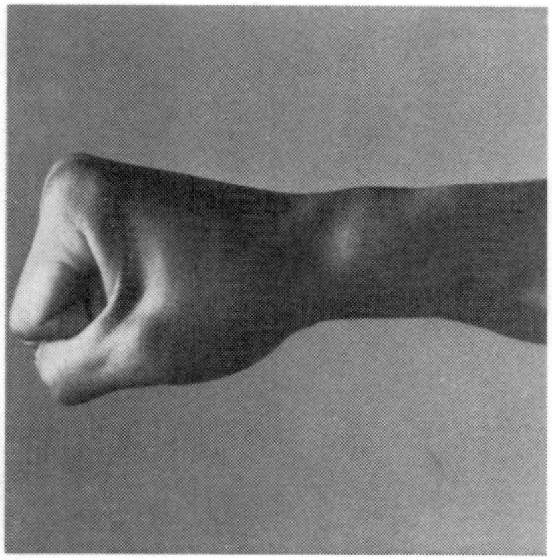

75

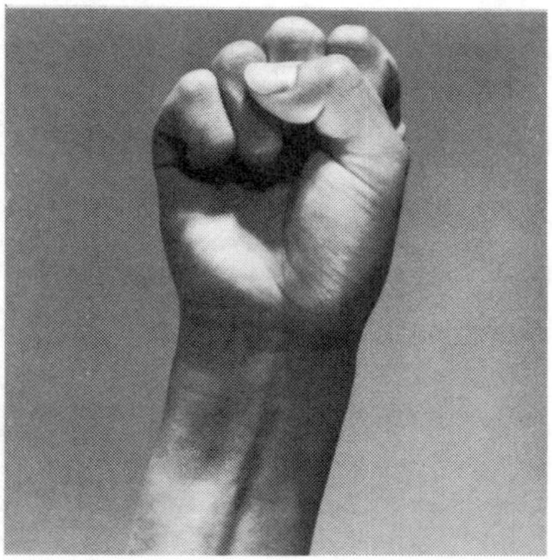

76

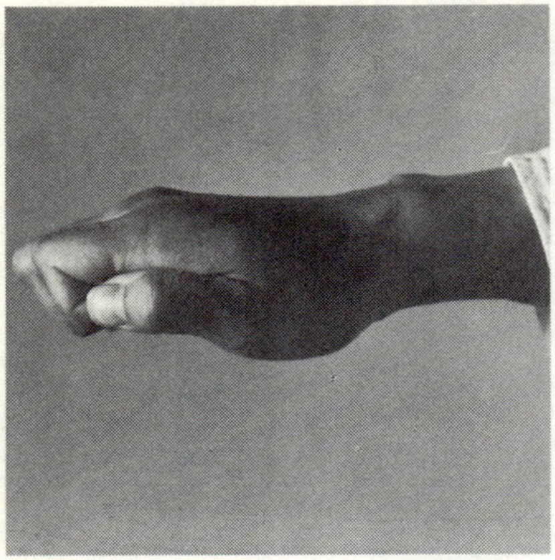

78

Pyon-jumok
Flachfaust (Abb. 78, 79)

Pyon-jumok wird gebildet, indem man die Finger im ersten und zweiten Glied beugt und fest anlegt. Der Daumen wird fest gegen den Zeigefinger gepreßt. Getroffen wird mit den Knöcheln von Zeige-, Mittel- und Ringfinger.

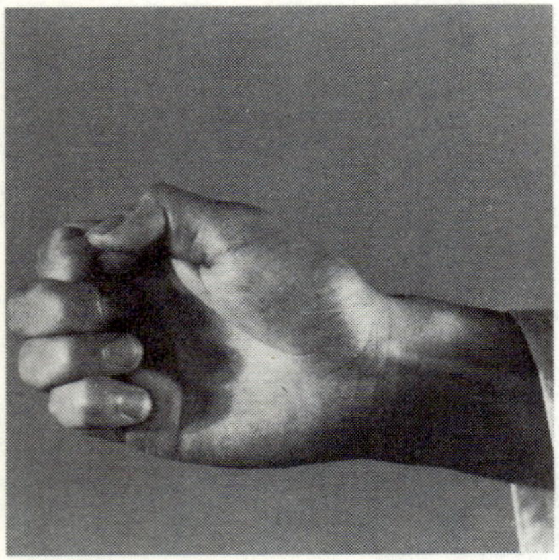

79

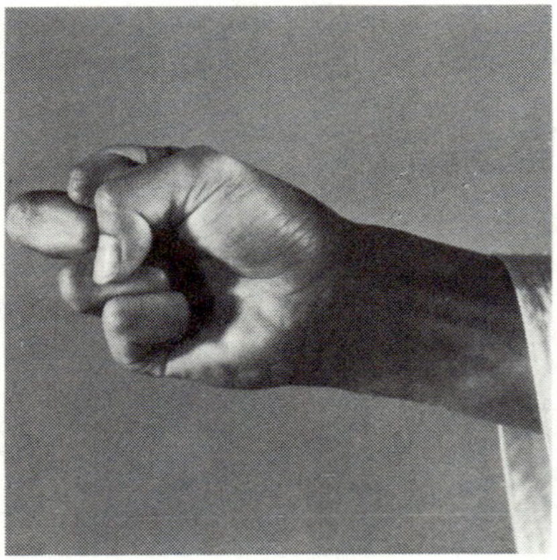

80

Bam-jumok
Knöchelfaust (Abb. 80, 81)

Aus der Faust wird entweder der Knöchel des Mittel- oder des Zeigefingers herausgehoben und mit dem Daumen festgepreßt.
Getroffen wird mit dem jeweiligen Fingerknöchel.

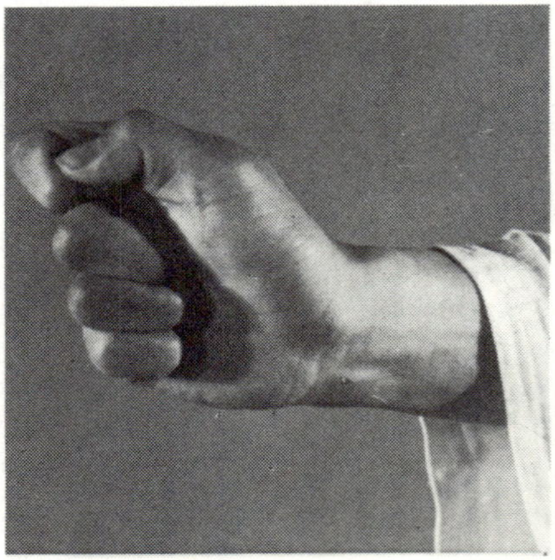

81

82

Paro-jirugi (Pandae-jirugi)

Gleichstoß (Abb. 82–85)

Paro-jirugi wird mit der Faust ausgeführt, auf deren Seite der Fuß zurückgestellt ist.
Paro-jirugi ist der stärkste Fauststoß im Taekwondo, da die Kraftübertragung aus der beim Auftreffen der Faust nach vorn eingerasteten Hüfte in dieser Position am größten ist.
Paro-jirugi ist eine typische Kontertechnik.

Beim Stoßen sind folgende Punkte zu beachten:

a) Der Unterarm wird eng an der Hüfte geführt.
b) Der Stoß ist bei frontal zum Gegner stehendem Körper in der Endposition immer auf die verlängerte eigene Körpermittellinie gerichtet.
c) Beim Stoß gegen den Rumpf des Gegners (Momdong-jirugi) wird die Faust in Achselhöhe nach vorn gestoßen, beim Stoß gegen das Gesicht (Olgul-jirugi) in Augenhöhe.

83

84

85

86

87

Pandae-jirugi (Paro-jirugi)

Gegenstoß (Abb. 86, 87)

Pandae-jirugi wird mit der Faust ausgeführt, auf deren Seite der Fuß vorn steht. Auch bei Pandae-jirugi wird die Hüfte über dem hinteren Bein eingerastet, die meiste Kraft jedoch wird durch ein gleichzeitiges Vorwärtsgehen erreicht. Deshalb wird Pandae-jirugi bevorzugt im direkten Angriff angewandt.

88

89

Sewo-jirugi
Vertikalstoß (Abb. 88, 89)

Beim Sewo-jirugi wird die Faust nur halb gedreht, so daß sie mit dem Faustboden nach unten zeigt. Der Arm wird nicht gestreckt.

90

91

Jochyo-jirugi (Twijibo-jirugi)
Umgekehrter Stoß (Abb. 90, 91)

Der Stoß beginnt in Hüfthöhe mit nach oben gedrehtem Faustrücken. Während die Faust zum Ziel gestoßen wird, dreht man sie mit dem Faustrücken nach unten.
Wenn der Ellenbogen fest am Körper anliegt und der Faustrücken zum Boden zeigt, ist die Technik fertig ausgeführt.

Häufig wird Du-jumok-jochyo-jirugi (Abb. 91) ausgeführt.
Jochyo-jirugi wird vor allem im Nahkampf benutzt.

92

93

94

95

Yop-jirugi
Seitwärtsstoß (Abb. 92)

Fauststöße, die seitlich vom Körper in einer Linie zu den Schultern ausgeführt werden, nennt man Yop-jirugi.
Der in Dwit-gubi ausgeführte Yop-jirugi kann auch Pandae-jirugi genannt werden.

Dolyo-jirugi
Drehstoß (Abb. 93–95)

Dolyo-jirugi wird von der Hüfte aus in einem Viertelkreis zum Ziel geführt.

96

Naeryo-jirugi

Stoß nach unten (Abb. 96)

Naeryo-jirugi ist ein Angriff auf einen am Boden liegenden Gegner.

Digut-cha-jirugi

U-Form-Stoß (Abb. 97)

97

Der Stoß erfolgt mit beiden Fäusten zugleich, wobei die Arme den koreanischen Buchstaben ㄷ, ausgesprochen „Digut", formen. Zu vergleichen wäre diese Form mit dem lateinischen U, weshalb die Übersetzung mit U-Form-Stoß erfolgt ist.
Beide Fäuste stoßen gleichzeitig zu.

Die Endstellung sieht so aus: Die obere Faust nimmt die Stellung Opun-jumok ein und der Arm ist üblicherweise gestreckt. Die untere Faust befindet sich in Jochin-jumok, der Ellenbogen ist gewöhnlich angewinkelt.

Chirugi - Stiche

Chirugi werden die Stechtechniken mit den Fingern genannt.
Der Bewegungsablauf ist derselbe wie bei den Jirugi.

98

Stechteile:

Pyonson-kut
Flachhand (Abb. 98, 99)

Die Finger werden fest zusammengepreßt, der Daumen liegt innen an der Handfläche.
Gestochen wird mit den Fingerspitzen der Zeige-, Mittel- und Ringfinger. Dabei wird der Mittelfinger so gekrümmt, daß alle Fingerkuppen auf einer Höhe liegen.

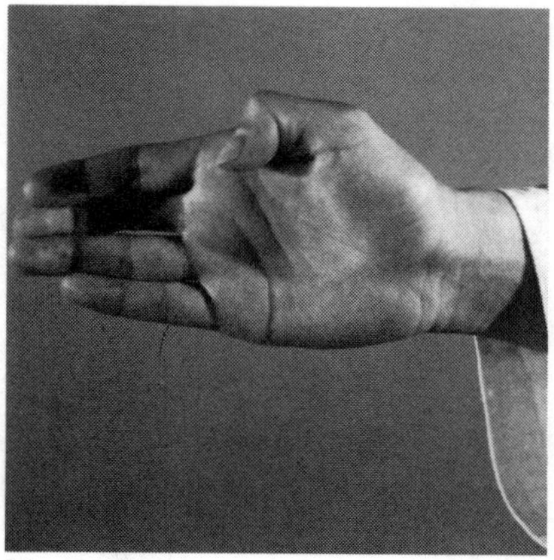
99

Gawison-kut
Scherenhand (Abb. 100)

Aus der geballten Faust werden der Zeige- und Mittelfinger herausgestreckt, und zwar so, daß sie in Form einer Schere nach vorn gerichtet sind.
Der Daumen wird gegen den Ringfinger gepreßt.
Gestochen wird mit den beiden Fingerspitzen. Das Ziel sind die Augen.

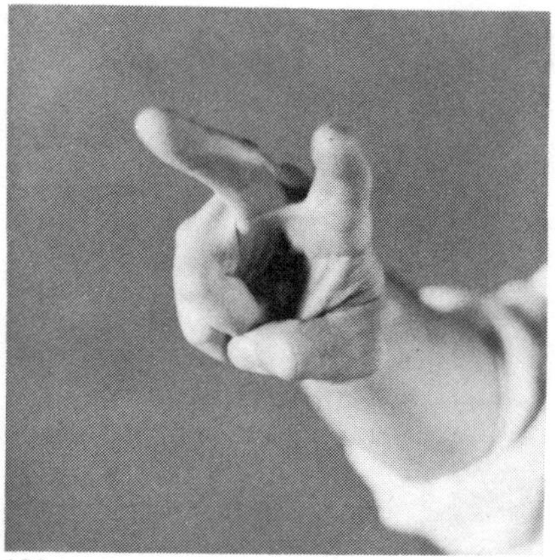
100

Pyonson-kut-sewochirugi

Flachhand-Vertikal-Stich
(Abb. 101, 102)

Beim Ausführen dieses Stiches wird die Stichhand hochkant mit dem Daumen nach oben gehalten. Die andere Hand wird als Schutz mit der Handfläche nach unten unter den Ellenbogen der Stichhand geführt.
Das Ziel dieses Stiches ist vornehmlich der Solarplexus.

101

103

102

Pyonson-kut-opochirugi

Nach oben gedrehter Flachhandstich
(Abb. 101–103)

Dieser Stich wird mit nach oben gedrehtem Handrücken ausgeführt.
Bevorzugte Ziele sind Augen, Hals und die kurzen Rippen.

Pyonson-kut-jochyo-chirugi

Umgekehrter Flachhandstich
(Abb. 104)

Bei diesem Stich wird der Handrücken nach unten gerichtet.
Als Ziel wird vor allem der Unterleib bevorzugt.

104

Chiki - Schläge

Mit Chiki bezeichnet man Angriffstechniken, bei denen zum Schlagen ausgeholt werden muß.

Schlagteile:

Dung-jumok
Faustrücken (Abb. 105)

Geschlagen wird mit der oberen Seite der Faust, wobei vor allem die Knöchel des Zeige- und Ringfingers auftreffen.

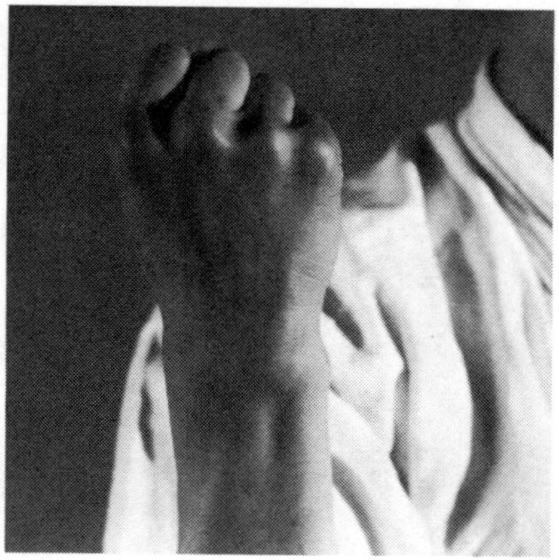

105

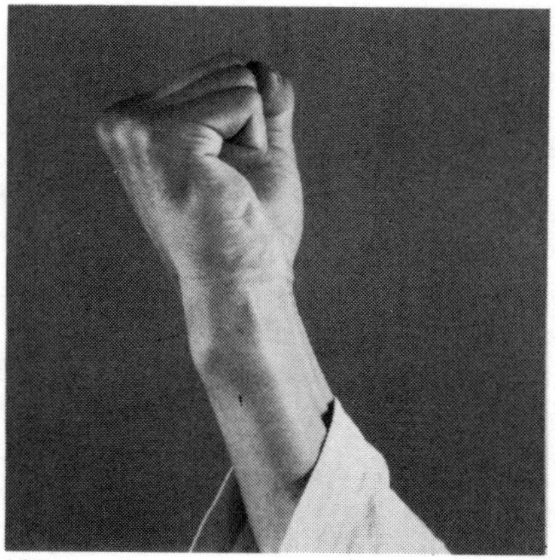

106

Me-jumok
Faustboden (Abb. 106)

Der Schlag erfolgt mit der Kleinfingerseite der Faust.

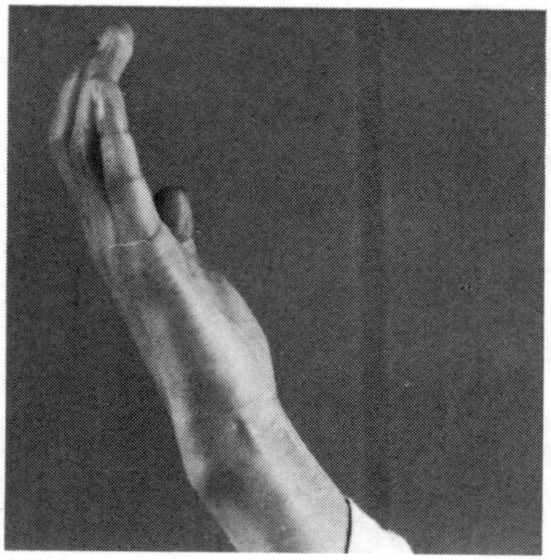

107

Sonnal
Handkante (Abb. 107)

Die Finger sind gestreckt, der Daumen ist scharf angewinkelt.
Getroffen wird mit der Handkante zwischen dem kleinen Finger und dem Handgelenk.

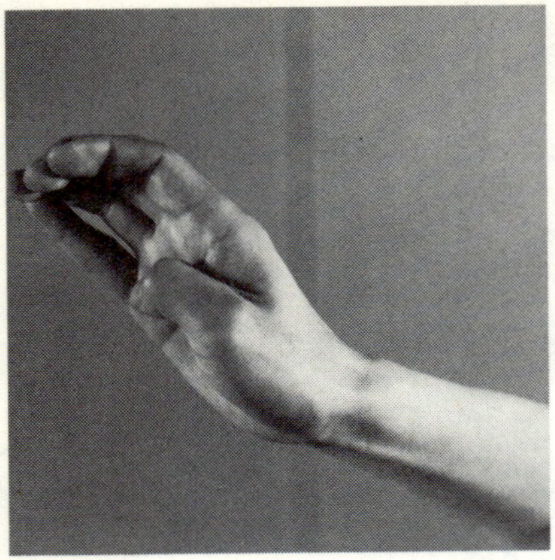

108

Sonnal-dung
Rückhandkante (Abb. 108)

Die Finger sind bis zu den Knöcheln gestreckt, der Daumen ist zur Handfläche angewinkelt.
Geschlagen wird mit der Handkante der Daumenseite, dem Teil zwischen Zeigefinger und Handgelenk.

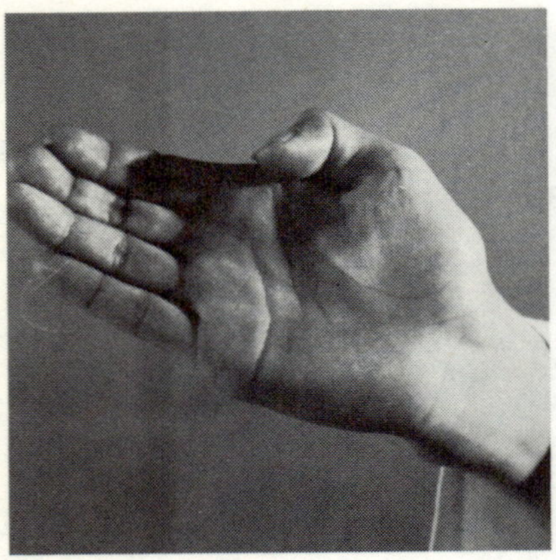

109

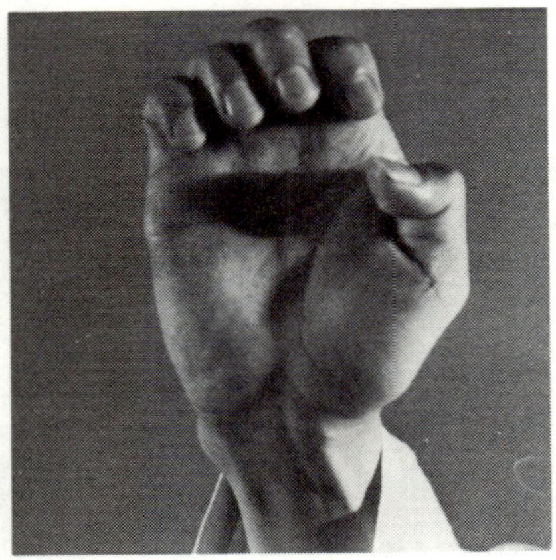

110

Batang-son
Handfläche (Abb. 109, 110)

Es gibt zwei Variationen von Batangson. Die eine Form sieht aus wie Sonnal, wobei die Hand etwas zur Oberseite des Unterarms abgewinkelt ist.
Die andere Form sieht aus wie Pyonjumok und ist ebenfalls zur Oberseite des Unterarms abgewinkelt.

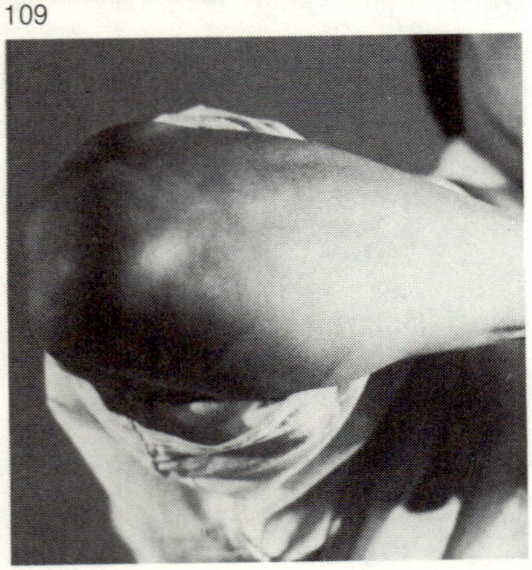

111

Palkup
Ellenbogen (Abb. 111)

Der Arm ist scharf angewinkelt.
Geschlagen wird mit dem oberen, unteren und seitlichen Teil des Ellenbogens.

Ape-chiki
Vorwärtsschlag (Abb. 112–116)

Bei Ape-chiki kann sowohl von außen als auch von innen ausgeholt werden. Der Ellenbogen ist in Endstellung angewinkelt.
Der von innen geführte Schlag ist schneller, dafür ist der von außen kraftvoller.

112

114

113

115

116

Ape-chiki wird ausgeführt mit:
a) Dung-jumok-ape-chiki
(Abb. 112–115)
b) Me-jumok-ape-chiki
c) Sonnal-ape-chiki (Abb. 116)

117

118

119

An-chiki
Innenschlag (Abb. 117–122)

Bei An-chiki wird von außen ausgeholt und nach innen geschlagen.
Wie bei fast allen Taekwondo-Techniken erreicht man auch hier durch eine plötzliche Drehung der Schlaghand und Einsatz der Hüfte eine zusätzliche Kraftentfaltung.

Folgende Schläge werden als An-chiki ausgeführt:
a) Me-jumok-an-chiki
b) Sonnal-an-chiki (Abb. 117–119)
c) Sonnal-dung-an-chiki (Abb. 120–122)
d) Batang-son-an-chiki

120

121

122

Pakkat-chiki

Außenschlag (Abb. 123–129)

Dieser Schlag wird von innen nach außen geführt.
Beim Ausholen überkreuzen sich beide Arme vor der Brust. Der zurückgehende Arm ist dabei zunächst mit dem Handrücken nach oben gerichtet (Abb. 125).

123

124

125

126

127

128

129

Pakkat-chiki wird ausgeführt als:

a) Dung-jumok-pakkat-chiki (Abb. 123)
b) Me-jumok-pakkat-chiki (Abb. 124)
c) Sonnal-pakkat-chiki (Abb. 125–127)
d) Sonnal-dung-pakkat-chiki (Abb. 128, 129)

Naeryo-chiki

Schlag nach unten (Abb. 130, 131)

Schläge die nach unten oder seitwärts unten gerichtet sind, nennt man Naeryo-chiki.

Folgende Techniken werden als Naeryo-chiki angewandt:

a) Dung-jumok-naeryo-chiki
b) Me-jumok-naeryo-chiki (Abb. 130)
c) Sonnal-naeryo-chiki (Abb. 131)

130

131

Palkup-chiki

Ellenbogenschlag (Abb. 132–136)

Palkup-chiki wird aus der Nahdistanz angewandt und ist deshalb vor allem bei der Selbstverteidigung wichtig.

Es werden fünf Variationen unterschieden:

1) Palkup-ollyo-chiki (Abb. 132)
   Ellenbogen-Aufwärtsschlag
   Er wird aus der Bereitschaftsposition der Faust an der Hüfte in direkter Bewegung nach oben gezogen und trifft Brustteile oder Kinn des Gegners.

2) Palkup-dolyo-chiki (Abb. 133)
   Ellenbogen-Drehschlag
   Der Ellenbogen holt seitlich aus, beschreibt horizontal einen Viertelkreis und trifft Brust- oder Gesichtsteile von vorn oder von der Seite.
   Mit der anderen Hand kann man dabei den Gegner festhalten und heranziehen. Man kann den Schlag auch dadurch verstärken, daß man mit ihr die Faust des Schlagarmes festhält und den Schlag unterstützt. Die Faust des Schlagarms wird beim Ausholen mit dem Faustrücken nach unten gehalten; im Schlag dreht sich dieser nach oben.

132

133

3) Palkup-yopuro-chiki (Abb. 134)
Ellenbogen-Seitwärtsschlag
Bei diesem Schlag wird wie bei Außenschlägen von innen ausgeholt.
Die Faust des Schlagarmes wird hier ebenso gehalten und gedreht wie beim vorangegangenen Schlag.
Auch kann der andere Arm beim Schlag behilflich sein, indem man mit seiner Handfläche gegen die Faust des Schlagarmes drückt.

134

135

4) Palkup-dwiro-chiki (Abb. 135)
Ellenbogen-Rückwärtsschlag
Der Schlag entspricht der entgegengesetzten Bewegung eines Fauststoßes.
Auch hier kann man mit der anderen Hand den Schlag verstärken.

136

5) Palkup-naeryo-chiki (Abb. 136)
Ellenbogenschlag nach unten
Der Schlag wird mit der Unterseite des Ellenbogens ausgeführt.
Der zum Schlag nach oben gestreckte Arm weist mit dem Faustrücken zunächst nach hinten und dreht sich bei der Abwärtsbewegung des Schlages nach vorn.

Murup-chiki
Knieschlag (Abb. 137, 138)

Wird ein Gegner festgehalten und gleichzeitig mit dem Knie getreten, wird das Murup-chiki genannt.
Der Knietritt ohne Festhalten wird als Murup-chagi bezeichnet.

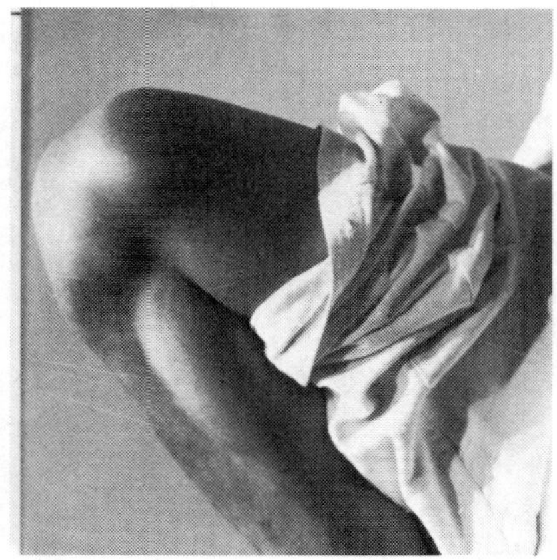
137

138

Chagi - Tritte

Angriffe mit den Füßen bezeichnet man als Chagi.
Beim Treten wird vor allem die Kraft des sich streckenden Knies ausgenutzt.

Tretteile:

Apchuk
Fußballen (Abb. 139)
Beim Tritt mit dem Fußballen werden die Zehen nach oben angewinkelt.

Dwichuk
Ferse (Abb. 140)
Beim Treten mit der Ferse wird der Fuß nach oben angewinkelt.

Dwikumchi
Achillesferse (Abb. 141)
Der Fuß wird beim Tritt angewinkelt.

Baldung
Fußrist (Abb. 142)
Beim Tritt mit dem Rist wird der Fuß gestreckt.

Balnal
Fußkante (Abb. 143)
Getroffen wird mit der Fußaußenkante.

Balbadak
Fußsohle (Abb. 144)
Getroffen wird mit der Sohleninnenkante.

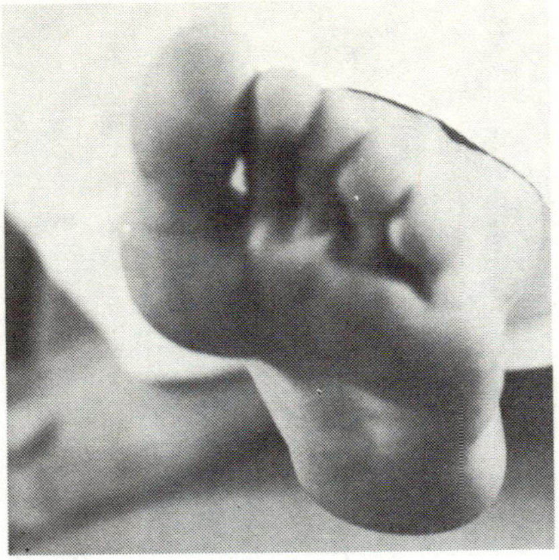
139

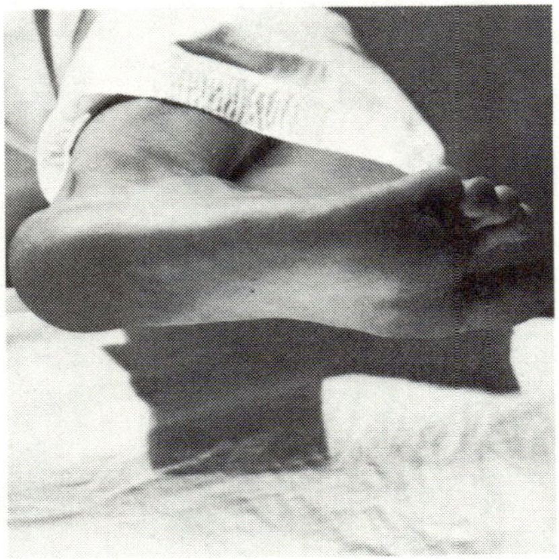
140

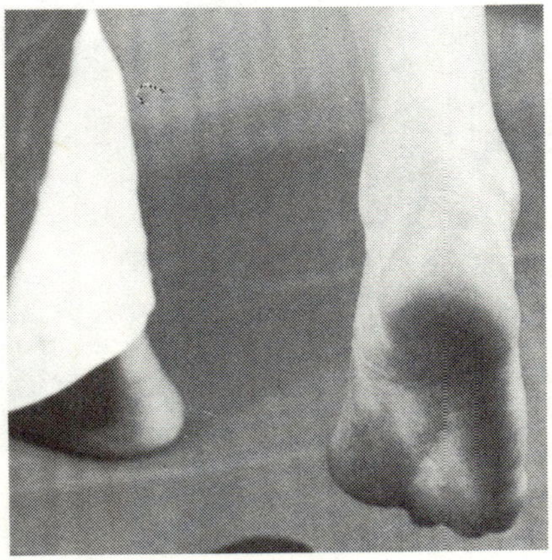
141

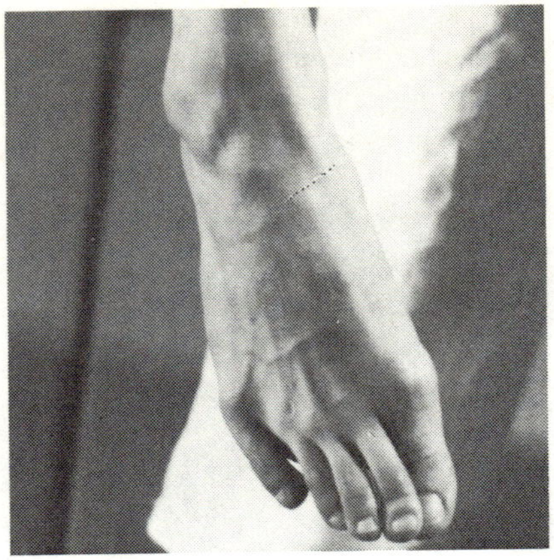
142

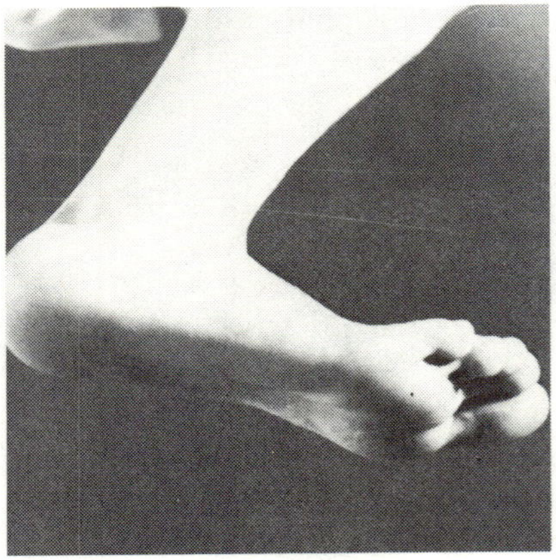
143

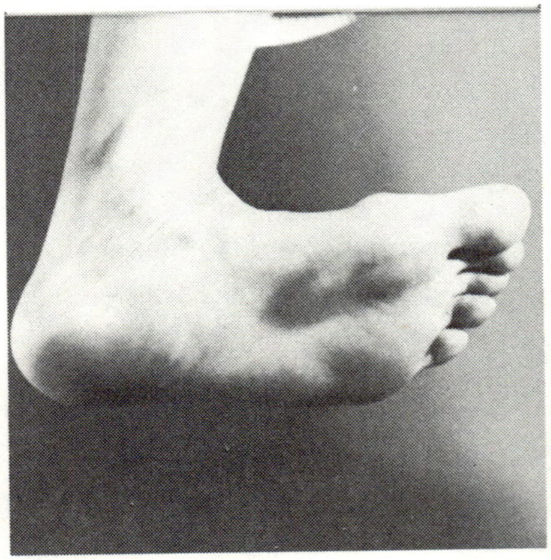
144

Ap-chagi
Vorwärtstritt (Abb. 145–148)

Ap-chagi ist der schnellste Tritt im Taekwondo und kann sehr variabel eingesetzt werden. Es ist ein Schnapptritt, der wie folgt ausgeführt wird:

a) Knie hochreißen und anwinkeln (Abb. 145).
b) Knie strecken und treten (Abb. 146–148)
c) Knie wieder anwinkeln (Abb. 145).

Die Phasen a) bis c) sind eine einzige fließende Bewegung.
Der Oberkörper bleibt aufrecht.
Das Standbein ist leicht gebeugt.

146

145

147

Folgende Tritte werden mit Ap-chagi ausgeführt:
Apchuk-ap-chagi (Abb. 146)
Getreten wird mit dem Fußballen, wobei der Fuß gestreckt ist und die Zehen hochgewinkelt sind.
Es ist der Standardtritt und wird der Einfachheit halber nur Ap-chagi genannt.
Dwichuk-ap-chagi (Abb. 147)
Baldung-ap-chagi (Abb. 148)

148

149

150

151

Dolyo-chagi
Kreistritt (Abb. 149–151)

Dolyo-chagi ist wie Ap-chagi ein Schnapptritt. Er wird in einem Viertelkreis waagerecht von außen nach innen zum Ziel geführt.

Ausführung des Dolyo-chagi:

a) Das Knie wird hochgerissen und angewinkelt. Dabei kommen Ober- und Unterschenkel auf eine Ebene waagerecht zum Boden (Abb. 149).
b) Der Tritt erfolgt durch das Durchdrücken des Knies (Abb. 150, 151).
c) Das Knie wird wieder angewinkelt (Abb. 149).

Die Phasen a) bis c) sind eine einzige fließende Bewegung.
Der Oberkörper wird entgegen der Trittrichtung gedreht und bleibt aufrecht.
Das Standbein ist leicht gebeugt.
Variationen des Dolyo-chagi:
Apchuk-dolyo-chagi (Abb. 150)
Getreten wird mit dem Fußballen. Fuß und Zehen sind hochgewinkelt. Die Ferse liegt höher als der Ballen.
Baldung-dolyo-chagi (Abb. 151)

Bandal-chagi
Halbmondtritt

Bandal-chagi ist die Mischung zwischen Ap- und Dolyo-chagi.
Der Weg des Fußes ähnelt bei Pandalchagi der Form eines Halbmondes.

Pyojok-chagi (Bandal-chagi)
Zieltritt (Abb. 152, 153)

Der Weg des Pyojok-chagi führt wie beim Dolyo-chagi von außen nach innen.
Der Fuß wird allerdings vom Boden direkt zum Ziel geführt, ohne daß das Knie vorher angewinkelt wird. Führt man den Tritt zum Körper aus, so wird das Knie leicht angewinkelt, damit es nicht überbelastet wird; es bleibt dann aber starr in dieser Stellung.

Getroffen wird mit Balbadak, der Sohleninnenkante.

152

153

Bituro-chagi
Drehtritt (Abb. 154, 155)

Bituro-chagi wird von innen nach außen getreten und ist der Gegenpart zu Bandal-chagi.

154

155

Ausführung des Bituro-chagi:
a) Wenn rechts getreten wird, reißt man das Knie nach links hoch und dreht den Körper ebenfalls etwas nach links.
b) Das Knie wird nun nach rechts in Richtung Ziel gedreht; der Körper macht diese Bewegung mit.
c) Das Knie streckt sich und der Tritt erfolgt.
d) Anschließend wird das Knie sofort wieder gebeugt.

Die Phasen a) bis d) werden in einer einzigen fließenden Bewegung ausgeführt.

Bituro-chagi gliedert sich auf in:
Apchuk-bituro-chagi (Abb. 154)
Baldung-bituro-chagi (Abb. 155)
Balnal-bituro-chagi

Nullo-chagi
Drucktritt (Abb. 156, 157)

Mit Nullo-chagi werden alle Unterschenkelteile des stehenden Beines vom Knie bis zum Fuß angegriffen.

Ausführung des Nullo-chagi:
a) Knie hochreißen und anwinkeln wie bei Ap-chagi.
b) Mit Balnal nach unten auswärts (Abb. 156) oder mit Balbadak nach unten einwärts (Abb. 157) treten.

Bezeichnungen des Nullo-chagi:
Pakkat-nullo-chagi (Abb. 156)
Außen-Druck-Tritt
An-nullo-chagi (Abb. 157)
Innen-Druck-Tritt

156

157

158

159

160

Yop-chagi
Seitwärtstritt (Abb. 158–160)

Yop-chagi wird direkt seitlich vom eigenen Körper getreten. Er ist langsamer als die bisher beschriebenen Tritte, macht dies aber durch seine große Wucht wieder wett. Diese Wucht bekommt der Tritt durch den besonders starken Hüfteinsatz.

Ausführung des Yop-chagi:

a) Das Knie wird hochgerissen und angewinkelt. Dabei wird der Körper so gedreht, daß der Fuß in Zielrichtung zeigt. Fuß und Zehen sind angewinkelt. Die Fußkante wird waagerecht zum Boden gehalten (Abb. 158)
b) Der Tritt wird durch das Strecken des Knies ausgeführt (Abb. 159, 160)
c) Der Oberkörper ist aufrecht und darf nicht weggekippt werden.
d) Das Knie wird dann wieder gebeugt (Abb. 158).

Die Phasen a) bis c) in einer Bewegung durchführen.

Yop-chagi-Arten:

Balnal-yop-chagi (Abb. 159)
Getroffen wird mit der Fußkante. Der Fuß und die Zehen sind hochgezogen. Die Ferse liegt höher als der Fußballen.

Dwichuk-yop-chagi
Getroffen wird mit der Ferse. Balnal- und Dwichuk-yop-chagi werden auch einfach als Yop-chagi bezeichnet.

Apchuk-yop-chagi (Abb. 160)
Getroffen wird mit dem Fußballen. Der Fuß ist gestreckt, die Zehen sind hochgewinkelt.

Dwit-chagi
Rückwärtstritt (Abb. 161)

Dwit-chagi ist der stärkste Tritt am Boden. Getreten wird rückwärts mit der Ferse oder mit der Fußkante.

Ausführung des Dwit-chagi:

a) Das Knie wird wie bei Ap-chagi hochgerissen.
b) Während der Oberkörper etwas vorgebeugt wird, erfolgt der Tritt nach hinten mittels Streckung des Knies.
c) Die Ferse des Standbeines weist nach hinten.
d) Das Standbein ist leicht gebeugt.
e) Das Trittbein wird ganz eng am Standbein geführt.

Bei Tritten zum Unterleib wird mit der Ferse getroffen, weiter oben mit der Fußkante.

161

162

163

164

Naeryo-chagi

Tritt von oben nach unten
(Abb. 162–167)

Naeryo-chagi wird mit der Achillesferse oder mit der Fußsohle gerade oder schräg nach unten getreten.

Naeryo-chagi unterteilt man in zwei Arten:

1) ***Pakkat-naeryo-chagi*** (Pakkuro-naeryo-chagi)
   Außentritt (Abb. 162–164)
   a) Das Bein beschreibt im gestreckten oder leicht gebeugten Zustand einen Innenbogen nach oben (Abb. 162, 163)
   b) Falls das Bein vorher gebeugt war, streckt es sich bei Erreichen des Höhepunktes (Abb. 163).
   c) Das Bein wird gerade oder schräg nach unten zum Ziel heruntergerissen (Abb. 164).
   d) Hierbei wird die Hüfte vorgeschoben.

2) ***An-naeryo-chagi*** (Annuro-naeryo-chagi)
   Innentritt (Abb. 165–167)
   An-naeryo-chagi hat denselben Bewegungsablauf wie Pakkat-naeryo-chagi, nur beschreibt hier das Bein einen Außenbogen (Abb. 165, 166), wird nach innen geführt und zum Ziel heruntergerissen (Abb. 167).

165

166

167

168

169

170

Pandae-dolyo-chagi (Ap-dolyo-chagi)

Gegenkreistritt (Abb. 168–170)

Pandae-dolyo-chagi wird mit der Achillesferse von innen nach außen, also in allem entgegengesetzt dem Dolyo-chagi, getreten.

Ausführung des Pandae-dolyo-chagi:

a) Das Bein wird gestreckt oder leicht gebeugt in einem Innenbogen auf Zielhöhe gebracht. Hier wird das gebeugte Bein gestreckt (Abb. 168, 169).
b) Die Achillesferse wird nach außen zum Ziel geführt und das Bein nach dem Auftreffen angezogen (Abb. 169, 170).
c) Das Standbein ist leicht gebeugt.

Momdolyo-chagi

Körper-Dreh-Tritt (Abb. 171–173)

Unter Momdolyo-chagi versteht man alle Tritte, die mit einer rückwärtigen Körperdrehung verbunden sind.
Durch die Drehung gewinnen die Tritte noch mehr an Durchschlagkraft.
Der Tritt erfolgt immer mit dem hinteren Bein.
Man führt Momdolyo-chagi mit Yop-, Dwit- und Pandae-dolyo-chagi aus.
Die Drehung wird hier anhand von Momdolyo-pandae-dolyo-chagi erklärt:

a) Der vordere Fuß wird mit der Ferse in Zielrichtung gedreht (Abb. 171).

171

172

173

b) Körper und Kopf werden so weit nach hinten gedreht, daß das Ziel im Blickfeld ist (Abb. 171).
c) Ansatz zum Tritt und dessen Ausführung (Abb. 171–173).

Die Ausführung von a) bis c) erfolgt in einer Bewegung ohne Unterbrechung. Die anderen Tritte werden entsprechend ihrer Ausführungsart während der Drehung angesetzt und ausgeführt.

177

178

176

174

179

Yonsok-chagi
Reihen-Tritt (Abb. 174–179)

Unter Yonsok-chagi versteht man aufeinanderfolgende Tritte gegen mehrere Gegner, die unter Einhaltung des Gleichgewichts und ohne abzusetzen ausgeführt werden.
Es können der Reihe nach zwei, drei und mehr Tritte ausgeführt werden.

175

Die Abbildungen zeigen der Reihe nach:
Ausgangsstellung (Abb. 174)
Bituro-chagi (Abb. 175)
Yop-chagi (Abb. 176)
Dwit-chagi (Abb. 177)
Ap-chagi (Abb. 178)
Dolyo-chagi (Abb. 179)

180

181

182

Twio-chagi
Tritte im Sprung

Praktisch alle Tritte, die am Boden ausgeführt werden, können ebenfalls auch im Sprung erfolgen.
Die Ausführung kann auf verschiedene Weisen erfolgen, eine sichere Landung nach dem Sprung ist jedoch bei allen Tritten erforderlich.

Nachfolgend werden die wichtigsten Twio-chagi erläutert:

Twio-ap-chagi
(Abb. 180–184)

Wird Twio-ap-chagi mit dem vorderen Fuß ausgeführt (Abb. 180–182), dient das hintere Bein zum Schwungholen und wird beim Abspringen, was ebenfalls mit dem vorderen Fuß geschieht, angewinkelt nach vorn gebracht (Abb. 181). Danach erfolgt der Tritt in einer Form von Scherenschlag (Abb. 182).
Wird mit dem hinteren Fuß getreten (Abb. 183, 184), so kann man:

a) mit dem vorderen Bein abspringen;
b) mit beiden Beinen zugleich abspringen.

Twio-nopi-chagi
Tritt in großer Höhe

Nopi-chagi gleicht in der Ausführung dem Twio-ap-chagi, nur daß er in großer Höhe erfolgt.
Er wird zu Demonstrationszwecken benutzt, hat aber im Kampf keine Bedeutung, da er nur selten angewandt werden kann.

183

184

Twio-dolyo-chagi
(Abb. 185)

Abgesehen von dem charakteristischen Tritt gleicht Twio-dolyo-chagi im Bewegungsablauf jeweils den verschiedenen Ausführungen des Twio-ap-chagi.

185

Twio-yop-chagi
(Abb. 186–188)

Wird der Tritt mit dem hinteren Bein ausgeführt, springt man mit dem vorderen ab (Abb. 187).
Das Sprungbein wird beim Tritt hochgezogen (Abb. 188).
Bei Ausführung des Trittes mit dem vorderen Fuß springt man mit demselben oder mit beiden Füßen ab.

186

187

188

Twio-dwit-chagi
(Abb. 189)

Twio-dwit-chagi wird vom Bewegungsablauf her wie Twio-yop-chagi ausgeführt.

189

190

191

Twio-momdolyo-chagi
(Abb. 190–199)

Hier unterscheidet man den Sprung mit einer Drehung von 180 Grad (Abb. 190–195) und den Sprung mit einer Drehung von 360 Grad (Abb. 196–199). Beim Tritt mit der 180-Grad-Drehung springt man mit dem vorderen oder mit beiden Beinen zugleich ab und tritt mit dem hinteren Bein.

192

194

193

195

Beim Tritt mit der 360-Grad-Drehung springt man mit dem vorderen Bein ab und tritt auch mit ihm. Dabei wird das hintere Bein zunächst nach vorn geschwungen (Abb. 197).

Der Tritt kann ausgeführt werden in Form von:
Yop-chagi (Abb. 194)
Dwit-chagi (Abb. 199)
Pandae-dolyo-chagi (Abb. 195)

196

197

198

199

200

201

Dubaldangsang

Treffen mit zwei Füßen (Abb. 200, 201)

Dubaldangsang ist ein Tritt im Sprung, bei dem mit beiden Füßen schnell nacheinander und ohne zwischendurch auf den Boden zurückzukehren zum Ziel getreten wird.

Mit folgenden Grundtritten kann Dubaldangsang ausgeführt werden:
Ap-chagi
Dolyo-chagi (Abb. 200, 201)
Yop-chagi
Dwit-chagi

Dubaldangsang wird meist in kombinierter Form von zwei verschiedenen Tritten angewandt.

YAKSOK-TAERYON – ABGESPROCHENER KAMPF

202

Um die erlernten Techniken variationsreich und genau anwenden zu können, wird im Taekwondo Yaksok-taeryon geübt, der abgesprochene Kampf mit Partner ohne Kontakt.

Dabei werden die Anzahl der Angriffe, ihre Art und die Angriffsstufe vorher festgelegt. Dadurch lernt man die Angriffs- und Abwehrtechniken im richtigen Augenblick anzuwenden und das Ziel genau zu treffen.

Übt der Anfänger langsam und genau nach Anweisung, so steigert sich der Fortgeschrittene zunächst durch schnellere Ausführung und später durch Variation der Angriffe und Angriffsstufen, ohne daß diese angesagt werden.

Folgende Yaksok-taeryon werden geübt:

1. Sambo-taeryon – Drei-Schritt-Kampf
2. Ibo-taeryon – Zwei-Schritt-Kampf
3. Ilbo-taeryon – Ein-Schritt-Kampf
4. Chokki-taeryon – Fußkampf
5. Ban-chayu-taeryon – Halbfreier Kampf

Zeremonie
(Abb. 203–206):

Aufstellung: Gegenüber in Armreichweite.

Stellung: Moa-sogi (Arme an den Seiten zu Fäusten geballt).

Grüßen: Leichtes Verbeugen zum Partner.

Vorbereiten: Der Angreifer geht rechts zurück zu einem Ap-gubi und führt links Arae-makki mit „Kihap" (Schrei) aus.
Der Verteidiger setzt den linken Fuß zu Pyonhi-sogi seitlich ab und antwortet nach dem „Kihap" des Angreifers ebenfalls mit einem „Kihap".

203

204

205

206

Erst nachdem der Verteidiger mit seinem „Kihap" seine Bereitschaft bekanntgibt, kann der Angreifer beginnen.
Bei Ilbo-taeryon kann aus Pyonhi-sogi angegriffen werden.
Bei Chokki- und Banchayu-taeryon nehmen beide Partner freie Kampfstellung ein.

Kommandos: Charyot – aufstellen
Kyongle – grüßen
Chumbi – vorbereiten
Sijak – anfangen
Guman – Übung beenden

207

208

209

Sambo-taeryon – Drei-Schritt-Kampf

Nr. 1
(Abb. 207–209)

Angriff:	Momdong-pandae-jirugi.
Abwehr:	An-palmok-pakkat-makki.
Gegenangriff:	Momdong-paro-jirugi.

Nr. 2
(Abb. 210–212)

Angriff:	Olgul-pandae-jirugi.
Abwehr:	Olgul-makki.
Gegenangriff:	Beim dritten Angriff ohne Abwehr nach links ausweichen; rechts Sonnal-pakkat-chiki ausführen.

210

211

212

Nr. 3
(Abb. 213–215)

Angriff: Momdong-yop-jirugi.
Abwehr: Hansonnal-pakkat-makki.
Gegenangriff: Ohne Abwehr ausweichen; links Yop-jirugi ausführen.

213

214

215

Nr. 4
(Abb. 216–218)

Angriff: Momdong-pandae-jirugi.
Abwehr: Pakkat-palmok-pakkat-makki.
Gegenangriff: Nach Ausweichen Palkup-dolyo-chiki rechts.

216

217

218

219

Nr. 5
(Abb. 219–221)

Angriff:	Olgul-pandae-jirugi.
Abwehr:	Hansonnal-pakkat-makki.
Gegenangriff:	Ohne Abwehr ausweichen, rechts Palkup-chiki.

222

220

223

221

Nr. 6
(Abb. 222–224)

Angriff:	Momdong-pandae-jirugi.
Abwehr:	Goduro-makki.
Gegenangriff:	Olgul-paro-jirugi.

224

225

Nr. 7
(Abb. 225–228)

Angriff:	Sonnal-pakkat-chiki.
Abwehr:	An-palmok-pakkat-makki.
Gegenangriff:	Momdong-ape-jirugi.

229

226

Nr. 8
(Abb. 229–231)

Angriff:	Olgul-pandae-jirugi.
Abwehr:	Sonnal-olgul-makki.
Gegenangriff:	Olgul-paro-jirugi.

230

227

228

231

232

236

237

Nr. 9 (Abb. 232–235)

Angriff: Momdong-pandae-jirugi.

Abwehr: Sonnal-makki.

Gegenangriff: Olgul-paro-jirugi.

233

Nr. 10 (Abb. 236–239)

Angriff: Momdong-pandae-jirugi.

Abwehr: Batangson-momdong-makki.

Gegenangriff: Momdong-paro-jirugi.

238

234

235

239

240

244

245

241

Nr. 11 (Abb. 240–243)

Angriff: Momdong-pandae-jirugi.

Abwehr: Hansonnal-pakkat-makki.

Gegenangriff: Ap-chagi.

Nr. 12 (Abb. 244–247)

Angriff: Momdong-pandae-jirugi.

Abwehr: Hansonnal-an-makki.

Gegenangriff: Dung-jumok-ape-chiki.

246

242

243

247

Ibo-taeryon – Zwei-Schritt-Kampf

Bei Ibo-taeryon werden zwei Angriffe ausgeführt, wobei die Gegenangriffe dann meistens links erfolgen.

Im übrigen ähnelt Ibo-taeryon dem Sambo-taeryon, so daß weitere Erläuterungen nicht notwendig sind.

Ilbo-taeryon – Ein-Schritt-Kampf

(Nr. 1–10)

Nr. 1
(Abb. 248, 249)

Angriff: Momdong-pandae-jirugi.
Abwehr: Batangson-pakkat-makki, Olgul-paro-jirugi.

Nr. 2
(Abb. 250, 251)

Angriff: Olgul-pandae-jirugi.
Abwehr: Sonnal-olgul-otgoro-makki, Arm ergreifen und verdrehen, Ap-chagi.

Nr. 3
(Abb. 252, 253)

Angriff: Momdong-yop-jirugi.
Abwehr: Momdong-an-makki, Dung-jumok-yop-chiki.

248

249

250

251

252

253

Nr. 4
(Abb. 254, 255)

Angriff: Olgul-pandae-jirugi.
Abwehr: Olgul-dolyo-chagi nach Ausweichen.

Nr. 5
(Abb. 256, 257)

Angriff: Momdong-pandae-jirugi.
Abwehr: Sonnal-makki, Pandae-dolyo-chagi.

Nr. 6
(Abb. 258)

Angriff: Momdong-pandae-jirugi.
Abwehr: Hansonnal-pakkat-makki, Dolyo-jirugi.

254

255

256

257

258

Nr. 7
(Abb. 259)

Angriff: Momdong-pandae-jirugi.
Abwehr: Momdong-yop-chagi in den Angriff.

Nr. 8
(Abb. 260)

Angriff: Olgul-pandae-jirugi.
Abwehr: Batangson-digut-jirugi nach Ausweichen.

Nr. 9
(Abb. 261)

Angriff: Olgul-pandae-jirugi.
Abwehr: Hansonnal-pakkat-makki Olgul-batangson-jirugi mit Beinstellen.

259

260

261

Nr. 10
(Abb. 262)

Angriff: Momdong-pakkat-jirugi.
Abwehr: Nullo-chapki mit Ap-chagi beim Ausweichen.

262

Nr. 1
(Abb. 263, 264)

Angriff: Ap-chagi.
Abwehr: Pakkat-nullo-chagi, Yop-chagi.

263

264

Nr. 2
(Abb. 265, 266)

Angriff: Ap-chagi.
Abwehr: Doro-chagi (Fußfeger), Momdolyo-chagi.

265

266

Nr. 3
(Abb. 267, 268)

Angriff: Arae-yop-chagi.
Abwehr: An-nullo-chagi, Dolyo-chagi.

267

268

Nr. 4
(Abb. 269, 270)

Angriff: Yop-chagi.
Abwehr: Pyojok-chagi, Yop-chagi.

269

270

Nr. 5
(Abb. 271, 272)

Angriff: Naeryo-chagi.
Abwehr: Twio-momdolyo-chagi nach Ausweichen.

271

272

Nr. 6
(Abb. 273, 274)

Angriff: Dolyo-chagi,
Pandae-pyojok-chagi,
Dolyo-chagi.

273

274

Nr. 7
(Abb. 275, 276)

Angriff: Momdolyo-chagi.
Abwehr: Momdolyo-chagi nach Ausweichen.

Nr. 8
(Abb. 277, 278)

Angriff: Yop-chagi.
Abwehr: Ap-cha-olligi,

Dolyo-chagi.

Nr. 9
(Abb. 279, 280)

Angriff: Yop-chagi.
Abwehr: Yop-cha-olligi, Twio-ap-chagi.

275

276

277

278

279

280

BAN-CHAYU-TAERYON – HALBFREIER KAMPF

Beim Ban-chayu-taeryon sind weder Angriffsstufen noch Angriffs- oder Abwehrarten und Zahl vorgeschrieben. Es steht lediglich fest, wer zunächst der Angreifer und wer der Abwehrende ist. Man kann verabreden, daß nach einem Angriff eine Abwehr und ein oder mehrere Gegenangriffe, eine sogenannte Kombination, als Konter ausgeführt werden. Man kann aber auch absprechen, daß erst nach einer Kombination ein oder mehrere Konter erfolgen.

Kontertechniken und Kombinationstechniken sind für den freien Kampf und die Selbstverteidigung unentbehrlich. Aus diesem Grunde wird Ban-chayu-taeryon kampfmäßig schnell und hart geübt.

Ban-chayu-taeryon ist die letzte Stufe des Yak-sok-taeryon vor dem Freikampf. Aus diesem Grund sollte hier in jeder Stellung auf die Deckung geachtet werden.

Nachstehende Übungen sind als Übungsgrundlage zu empfehlen.

Selbstverständlich gibt es auch hier wie bei Sambo-, Ibo-, Ilbo- und Chokki-taeryon noch Hunderte von Variationen. Diese aufzuzeigen würde den Rahmen dieses Buches sprengen. Es ist außerdem eine feststehende Tatsache, daß jeder Kämpfer seine eigene Kampftechnik entwickelt, nachdem er lange und oft genug nach Vorschlägen seines Trainers geübt hat. Er bedarf dann zwar immer noch der Anleitung, in dieser Hinsicht jedoch weit weniger als am Anfang.

Vorbereitung
(Abb. 281–284):

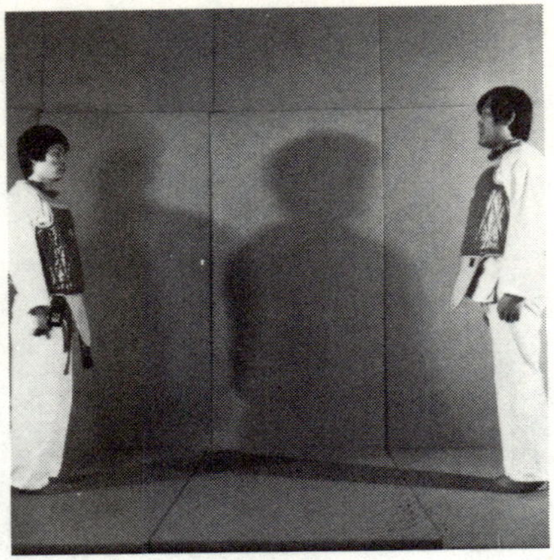
281

Grüßen: Der Abstand zwischen den Kämpfern beträgt etwa zwei Meter.

Abstand: Der Übungsabstand ist so, daß der Partner mit einem Angriff erreicht werden kann.

Stellung: Die Stellung sollte nach Möglichkeit nicht so tief gewählt werden wie auf Abb. 282, ansonsten kann sie individuell verschieden eingenommen werden.

282

283

284

Deckung: Die Deckung sollte möglichst viele Angriffspunkte berücksichtigen, die Möglichkeit der Handtechniken jedoch nicht beeinträchtigen.

Nr. 1
(Abb. 285, 286)

Angriff: Rechts vorgehen mit Faustangriff.

Abwehr: Nach rechts ausweichen, links Paro-jirugi mit anschließendem Twio-Momdolyo-yop-chagi.

Nr. 2
(Abb. 287, 288)

Angriff: Rechts Momdong-dolyo-chagi.

Abwehr: Palmok-ap-makki, links Momdolyo-chagi.

Nr. 3
(Abb. 289, 290)

Angriff: Links Arae-pandae-jirugi.

Abwehr: Rechts Arae-makki, rechts Olgul-bituro-chagi.

285

286

287

288

289

290

Nr. 4
(Abb. 291, 292)

Angriff: Rechts Pakkat-naeryo-chagi.

Abwehr: Nach links ausweichen, dann rechts auf den Partner zugleiten mit Paro-jirugi links.

291

292

Nr. 5
(Abb. 293, 294)

Angriff: Olgul-yop-chagi.

Abwehr: Oberkörper zurückpendeln lassen, eventuell mit Olgul-makki. Der anschließende Pakkat-naeryo-chagi als Gegenangriff setzt voraus, daß der Partner nach dem Angriff wieder zurückweicht. Ansonsten kann man auch in den Tritt des Partners Bandal-chagi zum Bauch durchführen.

293

294

295

296

297

Nr. 6
(Abb. 295–297)

Angriff: Rechts Momdolyo-chagi.
Abwehr: Mit beiden Füßen nach rechts hinten zurückgleiten; rechts Momdong-yop-chagi, wenn der Partner den Fuß absetzt, und anschließend links Jochyo-paro-jirugi, indem das rechte Bein nach vorn abgesetzt wird.

Nr. 7
(Abb. 298–300)

Angriff: Rechts Pandae-jirugi.
Abwehr: Nach rechts ausweichen mit Paro-jirugi rechts, anschließend rechts Dolyo-chagi; Bein vorn absetzen mit Paro-jirugi links.

298

299

300

Nr. 8
(Abb. 301–303)

301

Angriff: Rechts Pandae-jirugi.

Abwehr: Nach rechts ausweichen; links Pandae-jirugi, dann rechts Paro-jirugi und anschließend rechts Dolyo-chagi.

302

303

Nr. 9
(Abb. 304–308)

Angriff:	Rechts Ap-chagi.
Abwehr:	Links Arae-makki, rechts Paro-jirugi, rechts Ap-chagi; vorn absetzen mit links Paro-jirugi und anschließend Dolyo-chagi.

306

304

307

305

308

Nr. 10
(Abb. 309–313)

Angriff: Rechts Paro-jirugi.

Abwehr: Nach links ausweichen, rechts Dolyo-chagi; vorn absetzen mit rechts Pandae-jirugi, dann links Ap-chagi; wieder vorn absetzen mit links Pandae-jirugi.

309

310

312

311

313

Nr. 11
(Abb. 314–318)

Angriff: Rechts Ap-chagi.

Abwehr: Nach rechts ausweichen mit gleichzeitigem linken Dolyo-chagi; Fuß absetzen und sofort Momdolyo-yop-chagi ausführen, dann links Ap-chagi; vorn absetzen mit rechts Paro-jirugi.

316

314

317

315

318

319

Hosinsul erfordert ein Höchstmaß an Aufmerksamkeit, Entschlossenheit, Schnelligkeit, Reaktionsfähigkeit und Einfühlungsvermögen. Hinzu kommt, daß die erlernten Techniken sicher und gut beherrscht werden müssen.

Ein fortgeschrittener Schüler, der fleißig trainiert, wird sich in der Regel bei Angriffen ohne Waffen auch ohne vorherige Unterweisung zu helfen wissen. Trotzdem sollte jeder für einen Ernstfall üben.

Bei Angriffen mit Waffen muß man unendlich viel vorsichtiger, schneller und entschlossener vorgehen als bei unbewaffneten Überfällen. Hier sollte man nicht nur die standardisierten Abwehren üben, sondern – vor allem um Sicherheit und Erfahrung zu sammeln – den praktischen Kampf trainieren. Nur dadurch lernt man die richtige Bewegung beim Kampf mit Bewaffneten.

Bei Hosinsul gibt es keine Schnörkel und Verzierungen in den Bewegungen.

Der Verteidiger muß auf alle Fälle versuchen, eine ungedeckte, leicht verwundbare Körperstelle zu entdekken und diese sofort wirkungsvoll zu treffen.

Die Abwehr muß der Art des Angriffes entsprechen, auch muß die körperliche Relation zum Angreifer berücksichtigt werden.

Angriffe durch Festhalten

320

Nr. 1
(Abb. 320–322)

Angriff: Die rechte Hand hält das rechte Handgelenk fest.

Abwehr: Links neben den Angreifer gleiten, mit der linken Hand sein rechtes Handgelenk ergreifen, die rechte Hand spreizen, rechts herum drehen und dabei mit dem Körper nach vorn rechts gehen. Mit der befreiten Hand Olgul-paro-jirugi ausführen, ohne den Gegner loszulassen.

321

322

323

324

325

Nr. 2

(Abb. 323–325)

Angriff: Die rechte Hand hält das linke Handgelenk fest.

Abwehr: Mit dem linken Bein nach links vorgleiten, dabei die gespreizte linke Hand rechts herum drehen und nach rechts aus dem Griff herauswinden. Links nochmals auf den Gegner zugleiten, gleichzeitig links Olgul - dung - jumok - chiki ausführen. (Bei Damen empfiehlt sich vor der Handbefreiung erst ein Tritt zum Schienbein des Gegners).

Nr. 3

(Abb. 326–328)

Angriff: Festhalten beider Handgelenke.

Abwehr: Rechts zum Gegner vorgleiten, die gespreizte rechte Hand links herum drehen und nach links aus dem Griff herauswinden. Diese Bewegung zum Ausholen nutzen, mit dem linken Arm den Gegner heranziehen und gleichzeitig Sonnal-pakkat-chiki ausführen.

326

327

328

329

330

331

Nr. 4 (Abb. 329–331)

Angriff: Festhalten beider Handgelenke.

Abwehr: Beide Arme nach innen drücken, dann plötzlich nach außen herausdrehen. Gleichzeitig Ap-chagi ausführen und die Arme befreien.

Nr. 5 (Abb. 332–335)

Angriff: Festhalten eines Handgelenks mit beiden Händen.

Abwehr: Finger der festgehaltenen Hand spreizen, mit der freien Hand den Daumen ergreifen, gleichzeitig links vorgleiten, etwas in die Knie gehen und den Ellenbogen des gefaßten Armes senken. Nun beide Arme auf sich zuziehen und befreien, dabei Knie strekken und mit dem Körper zurückschnellen; einen Olgul-dung-jumok-ape-chiki ausführen.

332

333

335

334

336

337

338

Nr. 6 (Abb. 336–338)

Angriff: Ergreifen des Revers mit der linken Hand.

Abwehr: Die linke Hand wird über das Handgelenk des Angreifers gelegt, und zwar so, daß der eigene Daumen auf die weiche Stelle zwischen Daumen und Zeigefinger des Angreifers drückt.
Nun geschehen drei Bewegungen fast gleichzeitig:

1. Ap-chagi rechts.
2. Die rechte Hand ergreift den Unterarm des Gegners in der Nähe des Handgelenks.
3. Mit beiden Händen wird der Arm des Gegners links herumgedreht und gestreckt.

Nr. 7 (Abb. 339–341)

Angriff: Ergreifen des Revers und Heranziehen mit der linken Hand.

Abwehr: Die linke Hand fährt dem Gegner hinten in die Haare, der rechte Handballen wird zur Kinnspitze geführt und der Kopf des Gegners mit beiden Händen ruckartig links herumgedreht.
(Variante: Die linke Hand ergreift den linken Ellenbogen des Gegners von unten, die rechte Hand greift ins Haar).

339

340

341

342

Nr. 8
(Abb. 342–344)

Angriff: Ergreifen des Revers und Heranziehen mit beiden Händen.

Abwehr: Kopfstoß zur Nase des Angreifers (kann durch einen Tritt zum Schienbein unterstützt werden), anschließend Jochyo-jirugi mit beiden Händen.

343

344

345

346

Nr. 9
(Abb. 345–347)

Angriff: Stoßen der rechten Schulter von vorn mit der linken Hand.

Abwehr: Nachgeben, indem man nach rechts zurückgleitet; links Dolyo-jirugi oder Sonnal-dung-chiki zum Kopf oder Hals ausführen.

347

Nr. 10
(Abb. 348, 349)

Angriff: Heranziehen der rechten Schulter mit der linken Hand.

Abwehr: Rechts nachgeben, indem man den rechten Fuß vorsetzt; links Murup-chiki anwenden.

Nr. 11
(Abb. 350, 351)

Angriff: Mit der linken Hand von hinten stoßen.

Abwehr: Durch einen kleinen Schritt nach links vorn nachgeben; rechts einen Dwit-chagi ausführen.

Nr. 12
(Abb. 352, 353)

Angriff: Mit der rechten Hand von hinten heranziehen.

Abwehr: Nachgeben durch Zurückgleiten mit dem linken Fuß; gleichzeitig links Palkup-dwiro-chiki ausführen.

348

349

350

351

352

353

Angriffe durch Umklammerungen

Nr. 1

(Abb. 354, 355)

Angriff: Umklammerung von vorn unter den Armen.

Abwehr: Mit der linken Hand hinten ins Haar greifen und den rechten Handballen unter die Kinnspitze schlagen. Den Kopf des Gegners ruckartig nach hinten oder nach links drehen.

Nr. 2

(Abb. 356)

Angriff: Hüftumklammerung von vorn.

Abwehr: Palkup-naeryo-chiki.

354

356

355

Nr. 3
(Abb. 357–360)

Angriff: Umklammerung von vorn über den Armen.

Abwehr: Murup-chiki, Fuß rückwärts absetzen zu tiefem Ap-gubi, gleichzeitig die Arme seitlich ausbreiten und den Griff sprengen; jetzt einen Olgul-Palkup-dolyo-chiki ausführen.

357

358

359

360

361

362

363

Nr. 4
(Abb. 361–363)

Angriff: Umklammerung von hinten über den Armen.

Abwehr: Den rechten Fuß seitlich zu tiefem Chuchum-sogi setzen, gleichzeitig beide Arme seitlich oder nach vorn hochreißen und mit dem Gesäß nach hinten stoßen (zur Vorbereitung dieser Aktion kann zuvor Pakkat-nullo-chagi zu Fuß, Schien- oder Wadenbein ausgeführt werden); anschließend wird Palkup-dwiro-chiki ausgeführt.

Nr. 5
(Abb. 364, 365)

Angriff: Umklammerung von hinten unter den Armen.

Abwehr: Vorbereitend Pakkat-nullo-chagi, anschließend Olgul-palkup-dwiro-dolyo-chiki.
(Variation: Man schlägt mit den Fingerknöcheln gegen den Handrücken des Angreifers.)

364

365

366

367

368

Nr. 6

(Abb. 366–368)

Angriff: Halsumklammern von vorn links (Schwitzkasten).

Abwehr: Mit der rechten Hand das Handgelenk des Gegners ergreifen und nach unten ziehen. Hüfte nach rechts verlagern, um Platz zum Gegenangriff zu haben. Links Jochyo-jirugi ausführen, gleichzeitig den Arm des Angreifers weiter nach unten ziehen und sich befreien.

Nr. 7

(Abb. 369–371)

Angriff: Halsumklammern von hinten links.

Abwehr: Die rechte Hand ergreift das Handgelenk des Gegners und zieht den Arm nach unten, um den Griff zu lockern. Links Palkupdwiro-chiki ausführen und den Ellenbogen des Gegners nach oben drücken, während die rechte Hand den Arm des Angreifers herunterzieht und so den Hals befreit. Dabei geht der rechte Fuß einen Schritt vor. Der Arm des Gegners wird so verdreht, daß er keine Gegenwehr mehr leisten kann.

369

370

371

372

373

374

Würgen

Nr. 1
(Abb. 372–374)

Angriff: Beidhändig von vorn würgen.

Abwehr: Murup-chiki ausführen; mit den Daumen unter die kleinen Finger des Angreifers fahren und diese verbiegen.

Nr. 2
(Abb. 375–377)

Angriff: Im Liegen beidhändig von oben würgen.

Abwehr: Beide Hände umklammern das linke Handgelenk des Gegners. Nun verdreht man den Arm des Gegners ruckartig linksherum, wobei das rechte Bein zur Unterstützung angewinkelt und gegen den Boden geklemmt wird.

375

376

377

Nr. 3
(Abb. 378, 379)

Angriff: Beidhändiges Würgen von hinten mit gestreckten Armen.

Abwehr: Dwit-chagi.

Nr. 4
(Abb. 380–382)

Angriff: Beidhändiges Würgen von hinten mit angewinkelten Armen.

Abwehr: Mit den Daumen unter die kleinen Finger des Gegners fahren und diese verbiegen. Ohne loszulassen um die eigene Achse drehen, bis die Arme des Gegners gekreuzt sind. Jetzt Arae-ap-chagi ausführen.

378

379

380

381

382

Verteidigung gegen Angriffe mit Waffen

Stockangriffe

Nr. 1 (Abb. 383, 384)

Angriff: Mit kurzem Stock von oben.

Abwehr: In den Angriff hineingehen; erst Olgul-makki, dann Apchagi mit dem hinteren Bein ausführen.

Nr. 2 (Abb. 385, 386)

Angriff: Mit kurzem Stock mit der rechten Hand von außen geschlagen.

Abwehr: Links in den Angriff hineingehen und mit der linken Handkante abwehren; das Handgelenk des Gegners mit beiden Händen ergreifen. Eindrehen und Schulterwurf ausführen oder Armhebel ansetzen.

Nr. 3 (Abb. 387, 388)

Angriff: Mit kurzem Stock mit der rechten Hand von außen geschlagen.

Abwehr: Rechts auf den Gegner zugleiten; links Hansonnal-pakkat-makki am Handgelenk und gleichzeitig Sonnal-ape-chiki zur Armbeuge ausführen. Sonnal-pakkat-chiki zum Hals folgen lassen.

383

384

385

386

387

388

Nr. 4 (Abb. 389, 390)

Angriff: Mit kurzem Stock mit der rechten Hand von innen geschlagen.

Abwehr: Rechts auf den Gegner zugleiten wenn er ausholt; rechts Batang-son-miro-makki, links Murup-chiki ausführen, wobei der Gegner mit beiden Händen festgehalten wird.

389

390

Nr. 5 (Abb. 391–393)

Angriff: Mit langem Stock von oben.

Abwehr: Sonnal-otgoro-makki ausführen; dabei rechts vorgehen, den Stock ergreifen und nach rechts unten ziehen. Links Ap-chagi ausführen und gleichzeitig den Stock nach hinten ziehen.

391

392

393

Nr. 6 (Abb. 394–396)

Angriff: Mit langem Stock von rechts gegen den Kopf.

Abwehr: Erst links dann rechts so auf den Gegner zugleiten, daß man den Körper frontal zum Stock drehen kann. Diesen mit beiden Händen abfangen und festhalten, nach links ziehen und gleichzeitig rechts Yop-chagi ausführen.

394

395

396

Nr. 7 (Abb. 397)

Angriff: Mit langem Stock gegen die Beine.

Abwehr: Überspringen des Stockes in Richtung des Angreifers; aus der Luft Sonnal-naeryo-chiki ausführen.

397

Nr. 8 (Abb. 398, 399)

Angriff: Mit langem Stock zum Körper stoßen.

Abwehr: Sonnal-otgoro-makki zur Seite ausführen; gleichzeitig wird der Körper durch eine leichte Drehung aus dem Angriffsbereich genommen. Mit beiden Händen den Stock ergreifen und ziehen, Ap-chagi mit dem hinteren Bein ausführen.

398

399

400

401

Nr. 9 (Abb. 400–403)

Angriff: Mit langem Stock zuerst mit dem einen Ende zum Kopf und anschließend mit dem anderen Ende zum Unterleib schlagen.

Abwehr: Den ersten Angriff mit Batang - son - olgul - makki rechts abfangen und den Stock ergreifen (Daumen unten). Den zweiten Angriff mit Batang-son-arae-makki links abfangen und den Stock ergreifen (Handkante zum Körper, Daumen nach außen gedreht). Mit beiden Händen gleichzeitig eine Rechtsdrehung ausführen und gleichzeitig Ap-chagi mit dem hinteren Bein ausführen.

402

403

Nr. 1
(Abb. 404, 405)

Angriff: Kopfstich rechts.
Abwehr: Nach links ausweichen; rechts Sonnal-pakkat-makki und Pandal-chagi ausführen.

Nr. 2
(Abb. 406, 407)

Angriff: Halsstich rechts, von innen ausgeholt.
Abwehr: Oberkörper zurückpendeln lassen; Yop-chagi mit dem vorderen Bein ausführen.

404

406

405

407

408

409

410

Nr. 3
(Abb. 408–410)

Angriff: Stich zur Brust von vorn mit dem rechten Arm.

Abwehr: Links Batangson-an-makki ausführen und gleichzeitig nach links ausweichen. Rechts Olgul-paro-jirugi folgen lassen und im Anschluß sofort rechts Murup-chiki ausführen. Den Arm des Gegners dabei festhalten.

Nr. 4
(Abb. 411–413)

Angriff: Gerader Stich zum Bauch mit dem rechten Arm.

Abwehr: Rechts zurückgleiten mit Sonnal-arae-otgoro-makki (linker Arm oben); mit der linken Hand den Messerarm am Handgelenk ergreifen und mit Hilfe der rechten Hand ruckartig links herum verdrehen, bis der Angreifer das Messer fallen läßt.

411

412

413

Nr. 5
(Abb. 414–416)

Angriff: Der Gegner hält das rechte Handgelenk fest und sticht mit dem rechten Arm zum Unterleib.

Abwehr: Links Arae-makki ausführen, dann sofort den Sticharm unschädlich machen durch Einklemmen zwischen Ober- und Unterarm. Gleichzeitig rechte Hand befreien und bei dem folgenden Armhebel zur Hilfe nehmen.

414

415

416

Pistolenüberfälle

Bei Pistolenüberfällen ist vor allem der Abstand zum Angreifer wichtig. Ist er mehr als einen Schritt entfernt, bringt eine Abwehr gewöhnlich nur die Gefahr, erschossen zu werden. Ebenfalls lebensgefährlich ist eine Abwehr, wenn der Lauf der Pistole fest an Körper, Kopf oder Hals gedrückt wird (Abb. 417, 418). Der Angreifer kann dabei auf jede Bewegung durch das Tastgefühl reagieren. Eine Abwehr sollte hier nur versucht werden, wenn der Schuß mit Gewißheit erfolgen würde.

Nr. 1
(Abb. 419–421)

Angriff: Von vorn mit „Hände hoch".

Abwehr: Batang-son-an-makki gegen den Handrücken der Pistolenhand. Wenn die Waffe nicht herausgeschlagen werden konnte, am Handgelenk festhalten und gleichzeitig Murup-chiki ausführen. Danach eventuell den Arm nach außen verdrehen.

419

420

417

418

421

422

423

424

425

426

Nr. 2
(Abb. 422–426)

Angriff: Von vorn „Geld her!"

Abwehr: Brieftasche über, zumindest aber dicht neben der Pistole überreichen. Mit der gleichen Hand nach dem Loslassen der Brieftasche das Handgelenk des Gegners zur Seite drücken und festhalten. Mit dem im Moment günstigeren Bein Dolyo-chagi ausführen. Danach den Arm des Angreifers mit beiden Händen fassen und nach außen verdrehen. Bei der Aktion darauf achten, daß der Lauf der Waffe nicht in die eigene Richtung zeigt.

427

428

429

Nr. 3

(Abb. 427–429)

Angriff: Von vorn „Hände hoch!".

Abwehr: Den Gegner durch einen Blick hinter ihn täuschen; wenn er sich umschaut, gegen die Pistole schlagen, mit dem Ziel, sie aus der Hand zu schlagen. Weitere Angriffe sind vorbehalten.

Nr. 4

(Abb. 430–432)

Angriff: Von hinten „Hände hoch!".

Abwehr: Gleichzeitig werden drei Bewegungen ausgeführt:

1. Der linke Fuß gleitet auf den Gegner zu.
2. Körperdrehung nach links.
3. Der linke Unterarm schlägt die Pistolenhand zur Seite.

Anschließend sofort Paro-jirugi ausführen. Wenn nötig, den Arm des Gegners mit beiden Händen fassen und verdrehen.

430

431

432

Nr. 5
(Abb. 433–435)

Angriff: Von hinten „Geld her!".

Abwehr: Wenn der Räuber die Pistole in der rechten Hand hält, wird die Brieftasche mit der linken Hand über die rechte Schulter gereicht, so daß der Gegner, um das Geld zu bekommen, über die Pistole greifen muß. Der weitere Gegenangriff gestaltet sich wie der vorher beschriebene, nur rechtsherum.

433

434

435

436

Von alters her werden Poomse dazu benutzt, Techniken zu erlernen, sie zu Abwehr und Angriff miteinander nach einem bestimmten Muster zu verbinden und dabei gleichzeitig Bewegungen und Atmung aufeinander abzustimmen. Dabei wird dem Kämpfer auch die Gelegenheit gegeben, zu lernen, wie er bei schnellen Bewegungen das Gleichgewicht erhalten und Gewichtsverlagerungen ausnutzen kann.
In der Folge werden hier für Schüler und Meister Poomse vorgestellt, die in der ganzen Welt Gültigkeit haben und vom WTF besonders propagiert werden. Für Schüler bis einschließlich 1. Dan sind es acht Bewegungsformen, genannt Tae-Guk, und für Meister ab 2. Dan neun Bewegungsformen, von denen jede einen anderen Namen mit spezifischer Bedeutung hat.

Taeguk

437

Mit Taeguk hat man die grundlegenden Formen des Taekwondo bezeichnet, um ihre Bedeutung zu unterstreichen. Übersetzt man Taeguk aus der chinesischen Schrift, so bedeuten Tae = Größe und Guk = Ewigkeit. Die Zusammensetzung läßt erkennen, daß hier philosophisches Denken Ostasiens in den Vordergrund tritt. Formlos, ohne Anfang und Ende, steht Taeguk für den Ursprung allen Seins.

Acht Grundgedanken der ostasiatischen Philosophie werden aus dem Taeguk entwickelt. Sie werden durch acht einfache Symbole bezeichnet, von denen ein jedes in der chinesischen Schrift seine Bedeutung hat. Im Altertum wurden diese Symbole als die acht Zeichen der Macht bezeichnet. Heute noch finden wir vier davon in der koreanischen Fahne verankert.

Bei den Taeguk-poomse bewegen wir uns auf den Grundlinien dieser Symbole.

Folgendes Muster wurde zur Vereinfachung bei der Beschreibung der Poomse zugrundegelegt:

- Die Zahl über der Beschreibung bezeichnet die Bewegungsfolge analog zur Bildfolge. In Klammern gesetzte Ziffern bei den Bildfolgen bedeuten, daß das Bild aus Richtung „H" aufgenommen wurde.
- Beschreibung: a) = Körper- und Beinbewegungen
  b) = Bezeichnung der Stellungen
  c) = Handtechniken
- Richtungen: V = vorn
  H = hinten
  L = links (1–3)
  R = rechts (1–3)
- Junbi (Anfangsstellung) und Guman (Endstellung) sind jeweils beim Diagramm abgebildet und entsprechen einander.

438

Taeguk 1 (il) Jang

Das Symbol des Taeguk 1 Jang wird für Himmel und Licht gesetzt, denen die Bewegungsabläufe dieser Poomse gewidmet sind. Vom Himmel kommen der Regen und das Licht der Sonne, damit alles wachsen und gedeihen kann. Mit Himmel wird also die Schöpfung symbolisiert, der Anfang des Seins.

Bei Erarbeitung dieser Poomse sind die Bewegungen so gewählt worden, daß sie vom Anfänger gut verstanden und ausgeführt werden können. Neben Momdong-jirugi und Abwehren in allen drei Stufen sind die beiden Ap-chagi in den Bewegungen 14 und 16 besonders bemerkenswert.

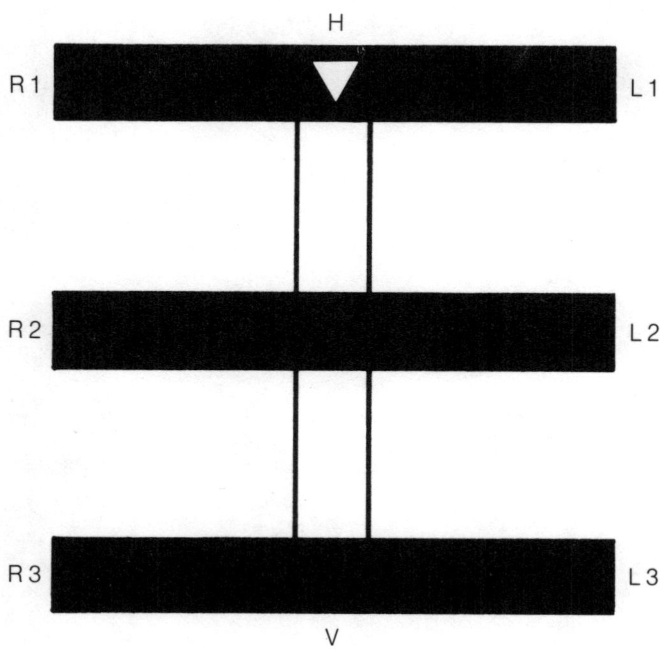

1 2 3 4 5 6 7

8 9 10 11 12 13 14

14 15 16 16 (17) (18)

Junbi

a) Mit dem Gesicht in Richtung „V“ stehen, den linken Fuß zur Seite stellen.
b) Pyonhi-sogi (in Anlehnung an Narani-sogi zeigen die Zehen hier etwas auswärts).
c) Gibon-junbi.

1.

a) Den linken Fuß in Richtung „L1“ setzen und den Körper nach links drehen.
b) Links Ap-sogi.
c) Links Arae-makki.

2.

a) Mit dem rechten Fuß in Richtung „L1“ vorgehen.
b) Rechts Ap-sogi.
c) Rechts Momdong-pandae-jirugi.

3.

a) Den Körper auf dem linken Fuß rechtsherum drehen und den rechten Fuß in Richtung „R1“ setzen.
b) Rechts Ap-sogi.
c) Rechts Arae-makki.

4.

a) Mit dem linken Fuß in Richtung „R1“ vorgehen.
b) Links Ap-sogi.
c) Links Momdong-pandae-jirugi.

5.

a) Den Körper auf dem rechten Fuß nach links drehen und den linken Fuß in Richtung „V“ setzen.
b) Links Ap-gubi.
c) Links Arae-makki.

6.

a) Unverändert.
b) Unverändert.
c) Rechts Momdong-paro-jirugi.

7.

a) Den Körper auf dem linken Fuß nach rechts drehen und den rechten Fuß in Richtung „R2“ setzen.
b) Rechts Ap-sogi.
c) Links Momdong-an-makki.

8.

a) Mit dem linken Fuß in Richtung „R2“ vorgehen.
b) Links Ap-sogi.
c) Rechts Momdong-paro-jirugi.

9.

a) Den Körper auf dem rechten Fuß linksherum drehen und den linken Fuß in Richtung „L2“ setzen.
b) Links Ap-sogi.
c) Rechts Momdong-an-makki.

10.

a) Mit dem rechten Fuß in Richtung „L2“ vorgehen.
b) Rechts Ap-sogi.
c) Links Momdong-paro-jirugi.

11.

a) Den Körper auf den linken Fuß nach rechts drehen und den rechten Fuß in Richtung „V“ setzen.
b) Rechts Ap-gubi.
c) Rechts Arae-makki.

12.

a) Unverändert.
b) Unverändert.
c) Links Momdong-paro-jirugi.

13.

a) Den Körper auf dem rechten Fuß nach links drehen und den linken Fuß in Richtung „L3“ setzen.
b) Links Ap-sogi.
c) Links Olgul-makki.

14.

a) Mit dem rechten Fuß Ap-chagi treten und in Richtung „L3“ absetzen.
b) Rechts Ap-sogi.
c) Rechts Momdong-pandae-jirugi.

15.

a) Den Körper auf dem linken Fuß rechtsherum drehen und den rechten Fuß in Richtung „R3“ setzen.
b) Rechts Ap-sogi.
c) Rechts Olgul-makki.

16.

a) Mit dem linken Fuß Ap-chagi treten und in Richtung „R3“ absetzen.
b) Links Ap-sogi.
c) Links Momdong-pandae-jirugi.

17.

a) Den Körper auf dem rechten Fuß nach rechts drehen und den linken Fuß in Richtung „H“ setzen.
b) Links Ap-gubi.
c) Links Arae-makki.

18.

a) Mit dem rechten Fuß in Richtung „H“ vorgehen.
b) Rechts Ap-gubi.
c) Rechts Momdong-pandae-jirugi mit „Kihap“.

Guman

a) Den Körper auf dem rechten Fuß linksherum drehen, bis das Gesicht in Richtung „V“ zeigt.
b) Pyonhi-sogi in Richtung „V“.
c) Gibon-junbi.

439

Taeguk 2 (i) Jang

Das Diagramm des Taeguk 2 Jang symbolisiert Frohsinn und Fröhlichkeit.

Ein vom Frohsinn durchdrungener Mensch verfügt über eine gefestigte innere Kraft, die ihn ausgeglichen und ruhig erscheinen und sein läßt.

Gemäß dem Symbol ist der Bewegungsablauf dieser Poomse kraftvoll und ruhig. Neben den Grundabwehren und Momdong-jirugi erscheinen hier Olgul-jirugi und fünfmal Ap-chagi.

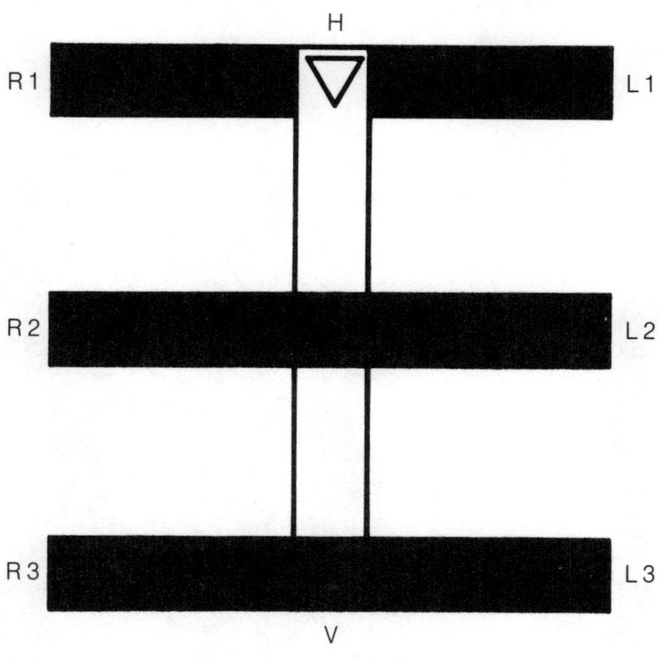

1

2

3

4

5

6

7

8

8

9

10

10

11

12

Junbi

a) Mit dem Gesicht in Richtung „V“ stehen, den linken Fuß zur Seite stellen.
b) Pyonhi-sogi.
c) Gibon-junbi.

1.

a) Den linken Fuß in Richtung „L1“ setzen und den Körper nach links drehen.
b) Links Ap-sogi.
c) Links Arae-makki.

2.

a) Rechts in Richtung „L1“ vorgehen.
b) Rechts Ap-gubi.
c) Rechts Momdong-pandae-jirugi.

3.

a) Auf dem linken Fuß rechtsherum drehen und den rechten Fuß in Richtung „R1“ setzen.
b) Rechts Ap-sogi.
c) Rechts Arae-makki.

4.

a) Links in Richtung „R1“ vorgehen.
b) Links Ap-gubi.
c) Links Momdong-pandae-jirugi.

5.

a) Auf dem rechten Fuß nach links drehen und den linken Fuß in Richtung „V“ setzen.
b) Links Ap-sogi.
c) Rechts Momdong-an-makki.

6.

a) Rechts in Richtung „V“ vorgehen.
b) Rechts Ap-sogi.
c) Links Momdong-an-makki.

7.

a) Auf dem rechten Fuß nach links drehen und den linken Fuß in Richtung „L2“ setzen.
b) Links Ap-sogi.
c) Links Arae-makki.

8.

a) Rechts Ap-chagi treten und in Richtung „L2“ absetzen.
b) Rechts Ap-gubi.
c) Rechts Olgul-pandae jirugi.

9.

a) Auf dem linken Fuß rechtsherum drehen und den rechten Fuß in Richtung „R2“ setzen.
b) Rechts Ap-sogi.
c) Rechts Arae-makki.

10.

a) Links Ap-chagi treten und in Richtung „R2“ absetzen.
b) Links Ap-gubi.
c) Links Olgul-pandae-jirugi.

11.

a) Auf dem rechten Fuß nach links drehen und den linken Fuß in Richtung „V“ setzen.
b) Links Ap-sogi.
c) Links Olgul-makki.

12.

a) Rechts in Richtung „V“ vorgehen.
b) Rechts Ap-sogi.
c) Rechts Olgul-makki.

(13)

(14)

(15)

(16)

(16)

(17)

(17)

(18)

(18)

13.

a) Auf dem rechten Fuß linksherumdrehen und den linken Fuß in Richtung „R3" setzen.
b) Links Ap-sogi.
c) Rechts Momdong-an-makki.

14.

a) Auf dem linken Fuß rechtsherum in Richtung „L3" umdrehen.
b) Rechts Ap-sogi.
c) Links Momdong-an-makki.

15.

a) Auf dem rechten Fuß nach links drehen und den linken Fuß in Richtung „H" setzen.
b) Links Ap-sogi.
c) Links Arae-makki.

16.

a) Rechts Ap-chagi treten und in Richtung „H" absetzen.
b) Rechts Ap-sogi.
c) Rechts Momdong-pandae-jirugi.

17.

a) Links Ap-chagi treten und in Richtung „H" absetzen.
b) Links Ap-sogi.
c) Links Momdong-pandae-jirugi.

18.

a) Rechts Ap-chagi treten und in Richtung „H" absetzen.
b) Rechts Ap-sogi.
c) Rechts Momdong-pandae-jirugi mit „Kihap".

Guman

a) Auf dem rechten Fuß linksherum drehen, bis das Gesicht in Richtung „V" zeigt.
b) Pyonhi-sogi.
c) Gibon-Junbi.

440

Taeguk 3 (sam) Chang

Taeguk 3 Chang wird symbolisiert durch das Zeichen des Feuers. Durch seine Intelligenz hat es der Mensch verstanden, das Feuer zu zähmen. Das Feuer gibt dem Menschen Wärme und Licht, es begeistert ihn und gibt ihm Hoffnung und Zuversicht. Das Feuer weckt aber auch Leidenschaft, Furcht und Schrecken im Menschen.

Gemäß dem Symbol des Feuers drückt Taeguk 3 Chang Abwechslungsreichtum aus. Die nötige Lebhaftigkeit wird hier erzielt durch die ineinanderfließenden Abwehren und Angriffe. Bezeichnend hierfür sind Dubon-jirugi, Makkojirugi und Sonnal-mokchiki.

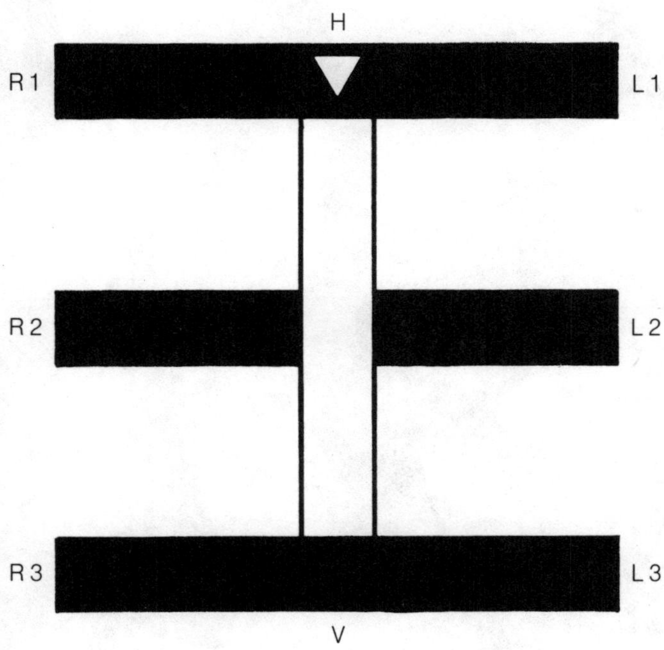

1 2 2 2 3

4 4 4 5 6

7 8 9 10 11 12

Junbi

a) Mit dem Gesicht in Richtung „V" stehen, den linken Fuß zur Seite stellen.
b) Pyonhi-sogi.
c) Gibon-junbi.

1.

a) Den linken Fuß in Richtung „L1" setzen und den Körper nach links drehen.
b) Links Ap-sogi.
c) Links Arae-makki.

2.

a) Rechts Ap-chagi treten und in Richtung „L1" absetzen.
b) Rechts Ap-gubi.
c) Dubon-momdong-jirugi (mit der rechten Faust zuerst).

3.

a) Auf dem linken Fuß rechtsherum drehen und den rechten Fuß in Richtung „R1" setzen.
b) Rechts Ap-sogi.
c) Rechts Arae-makki.

4.

a) Links Ap-chagi treten und in Richtung „R1" absetzen.
b) Links Ap-gubi.
c) Dubon-momdong-jirugi (mit der linken Faust zuerst).

5.

a) Auf dem rechten Fuß nach links drehen und den linken Fuß in Richtung „V" setzen.
b) Links Ap-sogi.
c) Rechts Sonnal-an-chiki (-mokchiki = Halsschlag)

6.

a) Rechts in Richtung „V" vorgehen.
b) Rechts Ap-sogi.
c) Links Sonnal-an-mokchiki.

7.

a) Linken Fuß in Richtung „L2" setzen, der rechte Fuß wird nicht versetzt.
b) Rechts Dwit-gubi.
c) Links Hansonnal-momdong-pakkat-makki.

8.

a) Mit dem linken Fuß in Richtung „L2" vorgleiten.
b) Links Ap-gubi.
c) Rechts Momdong-paro-jirugi.

9.

a) Auf dem linken Fuß rechtsherum in Richtung „R2" wenden.
b) Links Dwit-gubi.
c) Rechts Hansonnal-momdong-pakkat-makki.

10.

a) Mit dem rechten Fuß in Richtung „R2" vorgleiten.
b) Rechts Ap-gubi.
c) Links Momdong-paro-jirugi.

11.

a) Auf dem rechten Fuß nach links drehen und den linken Fuß in Richtung „V" setzen.
b) Links Ap-sogi.
c) Rechts Momdong-an-makki.

12.

a) Mit dem rechten Fuß in Richtung „V" vorgehen.
b) Rechts Ap-sogi.
c) Links Momdong-an-makki.

13

14

14

14

15

16

16

16

(17)

(17)

(18)

(18)

(19)

(19)

(19)

(20)

(20)

(20)

13.
a) Auf dem rechten Fuß linksherum drehen und den linken Fuß in Richtung „R3“ setzen.
b) Links Ap-sogi.
c) Links Arae-makki.

14.
a) Rechts Ap-chagi treten und in Richtung „R3“ absetzen.
b) Rechts Ap-gubi.
c) Momdong-dubon-jirugi (mit der rechten Faust zuerst).

15.
a) Auf dem linken Fuß rechtsherum drehen und den rechten Fuß in Richtung „L3“ setzen.
b) Rechts Ap-sogi.
c) Rechts Arae-makki.

16.
a) Links Ap-chagi treten und in Richtung „L3“ absetzen.
b) Links Ap-gubi.
c) Momdong-dubon-jirugi (mit der linken Faust zuerst).

17.
a) Auf dem rechten Fuß nach links drehen und den linken Fuß in Richtung „H“, setzen.
b) Links Ap-sogi.
c) Links Arae-makki und rechts Momdong-paro-jirugi in schneller Folge.

18.
a) Rechts in Richtung „H“ vorgehen.
b) Rechts Ap-sogi.
c) Rechts Arae-makki und links Momdong-paro-jirugi in schneller Folge.

19.
a) Links Ap-chagi treten und in Richtung „H“ absetzen.
b) Links Ap-sogi.
c) Arae-makko-momdong-paro-jirugi in schneller Folge.

20.
a) Rechts Ap-chagi treten und in Richtung „H“ absetzen.
b) Rechts Ap-sogi.
c) Arae-makko-momdong-paro-jirugi in schneller Folge mit „Kihap“.

Guman
a) Auf dem rechten Fuß linksherum drehen, bis das Gesicht in Richtung „V“ gerichtet ist.
b) Pyonhi-sogi.
c) Gibon-junbi.

441

Taeguk 4 (sa) Chang

Das Symbol von Taeguk 4 Chang steht für Donner. Donner und Blitze flößen dem Menschen Furcht ein. Donner bedeutet aber auch gleichzeitig Kraft und Macht. Entsprechend diesem Symbol drücken die Bewegungen dieser Poomse Ruhe und Mut gegenüber der Gefahr in kraftvollen und zielstrebigen (schnellen) Bewegungen aus.

Eine Fülle von starken Techniken beherrscht deshalb Taeguk 4 Chang. Angefangen mit Sonnal-makki über Sonnal-an-mokchiki, Pakkat-makki sowie Yop-chagi und endend mit An-makki sowie Jirugi strahlt die Poomse große Ruhe und Kraft aus. Die hier enthaltenen Schwierigkeiten wie Pakkat-palmok-pakkat-makki und Jebi-pum-Mokchiki erfordern Körperbeherrschung und Beherrschung des Gleichgewichts.

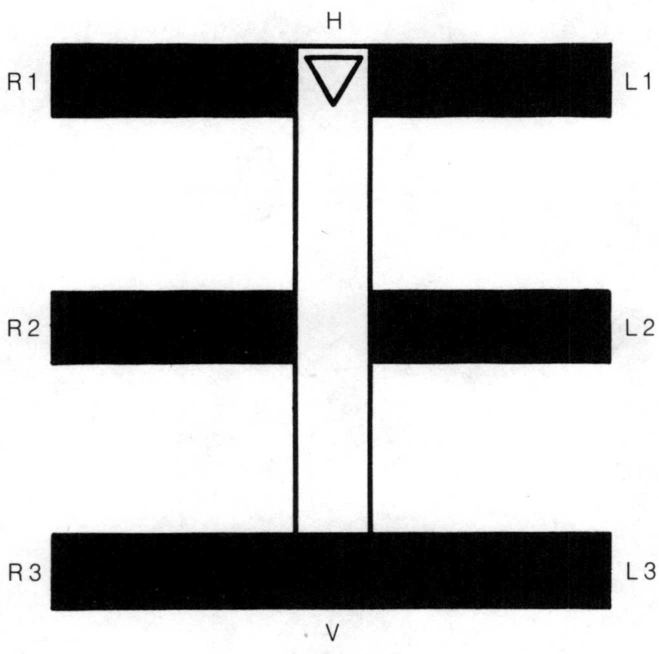

1

2

3

4

5

6

6

7

8

8

9

10

10

11

12

12

Junbi

a) Mit dem Gesicht in Richtung „V" stehen, den linken Fuß zur Seite stellen.
b) Pyonhi-sogi.
c) Gibon-junbi.

1.

a) Den linken Fuß in Richtung „L1" stellen und den Körper nach links drehen.
b) Rechts Dwit-gubi.
c) Links Sonnal-momdong-makki.

2.

a) Rechts in Richtung „L1" vorgehen.
b) Rechts Ap-gubi.
c) Rechts Pyonson-kut-sewochirugi.

3.

a) Auf dem linken Fuß rechtsherum drehen und den rechten Fuß in Richtung „R1" setzen.
b) Links Dwit-gubi.
c) Rechts Sonnal-momdong-makki.

4.

a) Links in Richtung „R1" vorgehen.
b) Links Ap-gubi.
c) Links Pyonson-kut-sewochirugi.

5.

a) Auf dem rechten Fuß nach links drehen und den linken Fuß in Richtung „V" setzen.
b) Links Ap-gubi.
c) Jebipum-mokchiki (Körperwegdrehen mit Abwehr und Halsschlag).

6.

a) Rechts Ap-chagi treten und in Richtung „V" absetzen.
b) Rechts Ap-sogi.
c) Links Paro-jirugi.

7.

a) Links Yop-chagi treten und in Richtung „V" absetzen.
b) Links Ap-sogi.
c) Diese und nachfolgende Bewegung so schnell wie möglich ausführen.

8.

a) Rechts Yop-chagi treten und in Richtung „V" absetzen.
b) Links Dwit-gubi.
c) Rechts Sonnal-momdong-makki.

9.

a) Auf dem rechten Fuß linksherum drehen und den linken Fuß in Richtung „R3" setzen.
b) Rechts Dwit-gubi.
c) Links Pakkat-palmok-pakkat-makki.

10.

a) Rechts Ap-chagi treten und wieder zurück in die Ausgangsstellung setzen.
b) Rechts Dwit-gubi.
c) Rechts Momdong-an-makki.

11.

a) Auf dem linken Fuß rechtsherum in Richtung „L3" drehen.
b) Links Dwit-gubi.
c) Rechts Pakkat-palmok-pakkat-makki.

12.

a) Links Ap-chagi treten und wieder zurück in die Ausgangsstellung setzen.
b) Links Dwit-gubi.
c) Links Momdong-an-makki.

(13)

(14)

(14)

(15)

(16)

(17)

(18)

(19)

(19)

(19)

(20)

(20)

(20)

13.
a) Auf dem rechten Fuß nach links drehen und den linken Fuß in Richtung „H“ setzen.
b) Links Ap-gubi.
c) Jebipum-mokchiki.

14.
a) Rechts Ap-chagi treten und in Richtung „H“ absetzen.
b) Rechts Ap-gubi.
c) Rechts Dung-jumok-olgul-ape-chiki.

15.
a) Auf dem rechten Fuß nach links drehen und den linken Fuß in Richtung „R2“ setzen.
b) Links Ap-sogi.
c) Links Momdong-an-makki.

16.
a) Unverändert.
b) Unverändert.
c) Rechts Momdong-paro-jirugi.

17.
a) Auf der Stelle rechtsherum in Richtung „L2“ umdrehen.
b) Rechts Ap-sogi.
c) Rechts Momdong-an-makki.

18.
a) Unverändert.
b) Unverändert.
c) Links Momdong-paro-jirugi.

19.
a) Auf dem rechten Fuß nach links drehen und den linken Fuß in Richtung „H“ setzen.
b) Links Ap-gubi.
c) Links Momdong-an-makki, dann Dubon-jirugi (schnell).

20.
a) Rechts in Richtung „H“ vorgehen.
b) Rechts Ap-gubi.
c) Rechts Momdong-an-makki, dann Dubon-jirugi (schnell) mit „Kihap“.

Guman
a) Auf dem rechten Fuß linksherum drehen, bis das Gesicht in Richtung „V“ gerichtet ist.
b) Pyonhi-sogi.
c) Gibon-junbi.

442

Taeguk 5 (oh) Chang

Taeguk 5 Chang steht unter dem Symbol des Windes. Trotz Stürme und Tornados hat der Wind eigentlich eine gute Bedeutung. Der Wind verteilt die Samen und zerstreut die dunklen Wolken. Er symbolisiert sowohl die Kraft der Zerstörung als auch die des Aufbaus.

Symbolgemäß verlaufen hier die Bewegungen teils ruhig, teils stark und stürmisch. Me-jumok- und Palkup-chiki gehören zum erweiterten Repertoire dieser Poomse.

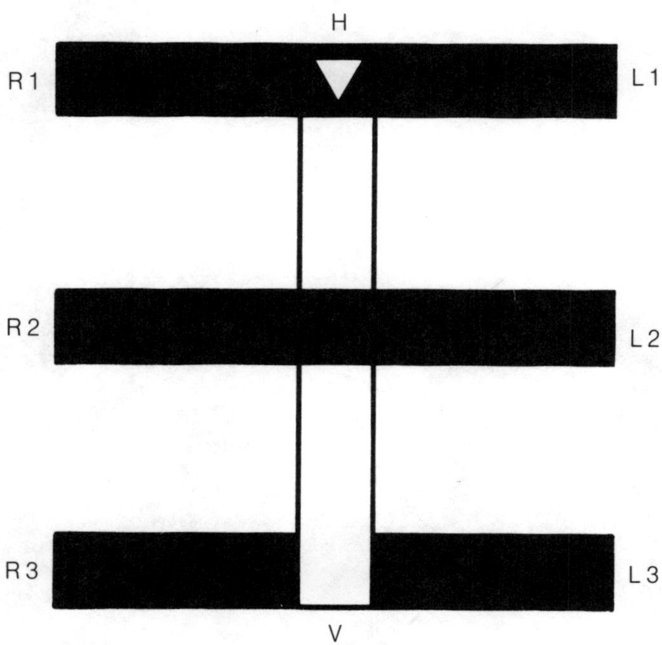

1 2 3 4 5 5

6 6 6 7 7 7

8 9 10 11 12

Junbi

a) Mit dem Gesicht in Richtung „V“ stehen, den linken Fuß zur Seite stellen.
b) Pyonhi-sogi.
c) Gibon-junbi.

1.

a) Den linken Fuß in Richtung „L1“ setzen und den Körper nach links drehen.
b) Links Ap-gubi.
c) Links Arae-makki.

2.

a) Den linken Fuß zum rechten heranziehen und den Körper aufrichten. Gleichzeitig mit der linken Faust vor dem Körper einen schnellen Kreisbogen beschreiben.
b) Pyonhi-sogi.
c) Links Me-jumok-naeryo-chiki.

3.

a) Den rechten Fuß in Richtung „R1“ setzen und den Körper nach rechts drehen.
b) Rechts Ap-gubi.
c) Rechts Arae-makki.

4.

a) Den rechten Fuß zum linken heranziehen und den Körper aufrichten. Gleichzeitig mit der rechten Faust vor dem Körper einen schnellen Kreisbogen beschreiben.
b) Pyonhi-sogi.
c) Rechts Me-jumok-naeryo-chiki.

5.

a) Links in Richtung „V“ vorgehen.
b) Links Ap-gubi.
c) Erst links, dann rechts Momdong-an-makki.

6.

a) Rechts Ap-chagi treten und in Richtung „V“ absetzen.
b) Rechts Ap-gubi.
c) Rechts Dung-jumok-olgul-ape-chiki, anschließend links Momdong-an-makki.

7.

a) Links Ap-chagi treten und in Richtung „V“ absetzen.
b) Links Ap-gubi.
c) Links Dung-jumok-olgul-ape-chiki, anschließend rechts Momdong-an-makki.

8.

a) Rechts in Richtung „V“ vorgehen.
b) Rechts Ap-gubi.
c) Rechts Dung-jumok-olgul-ape-chiki.

9.

a) Auf dem rechten Fuß linksherum drehen und den linken Fuß in Richtung „R3“ setzen.
b) Rechts Dwit-gubi.
c) Links Hansonnal-momdong-pakkat-makki.

10.

a) Rechts in Richtung „R3“ vorgehen.
b) Rechts Ap-gubi.
c) Rechts Palkup-momdong-chiki.

11.

a) Auf dem linken Fuß rechtsherum drehen und den rechten Fuß in Richtung „L3“ setzen.
b) Links Dwit-gubi.
c) Rechts Hansonnal-momdong-pakkat-makki.

12.

a) Links in Richtung „L3“ vorgehen.
b) Links Ap-gubi.
c) Links Palkup-momdong-chiki.

(13)

(13)

(14)

(14)

(14)

(15)

(16)

(16)

(17)

(18)

(18)

(19)

(19)

(20)

(20)

13.
a) Auf dem rechten Fuß nach links drehen und den linken Fuß in Richtung „H“ setzen.
b) Links Ap-gubi.
c) Links Arae-makki, anschließend rechts Momdong-an-makki.

14.
a) Rechts Ap-chagi treten und in Richtung „H“ absetzen.
b) Rechts Ap-gubi.
c) Rechts Arae-makki, anschließend links Momdong-an-makki.

15.
a) Auf dem rechten Fuß nach links drehen und den linken Fuß in Richtung „R2“ setzen.
b) Links Ap-gubi.
c) Links Olgul-makki.

16.
a) Rechts Yop-chagi treten und in Richtung „R2“ absetzen.
b) Rechts Ap-gubi.
c) Links Palkup-momdong-pyojok-chiki (gegen rechte Handfläche).

17.
a) Auf dem linken Fuß rechtsherum drehen und den rechten Fuß in Richtung „L2“ setzen.
b) Rechts Ap-gubi.
c) Rechts Olgul-makki.

18.
a) Links Yop-chagi treten und in Richtung „L2“ absetzen.
b) Links Ap-gubi.
c) Rechts Palkup-momdong-pyojok-chiki.

19.
a) Auf dem rechten Fuß nach links drehen und den linken Fuß in Richtung „H“ setzen.
b) Links Ap-gubi.
c) Links Arae-makki, anschließend rechts Momdong-an-makki.

20.
a) Rechts Ap-chagi treten und in einem Sprung in Richtung „H“ schnell absetzen.
b) Rechts Koa-sogi.
c) Rechts Dung-jumok-olgul-ape-chiki mit „Kihap“.

Guman
a) Auf dem rechten Fuß linksherum drehen, bis das Gesicht in Richtung „V“ weist.
b) Pyonhi-sogi.
c) Gibon-junbi.

443

Taeguk 6 (yuk) Chang

Das Symbol des Wassers kennzeichnet Taeguk 6 Chang. Wie das Wasser, das immer bergab fließt, fließen die Bewegungen der Poomse ineinander über, durch Fußtritte unterbrochen.

Kennzeichnend für Taeguk 6 Chang sind Pakkat-makki, Dolyo-chagi und Sonnal-makki mit Gewichtsverlagerung und Körperdrehung.

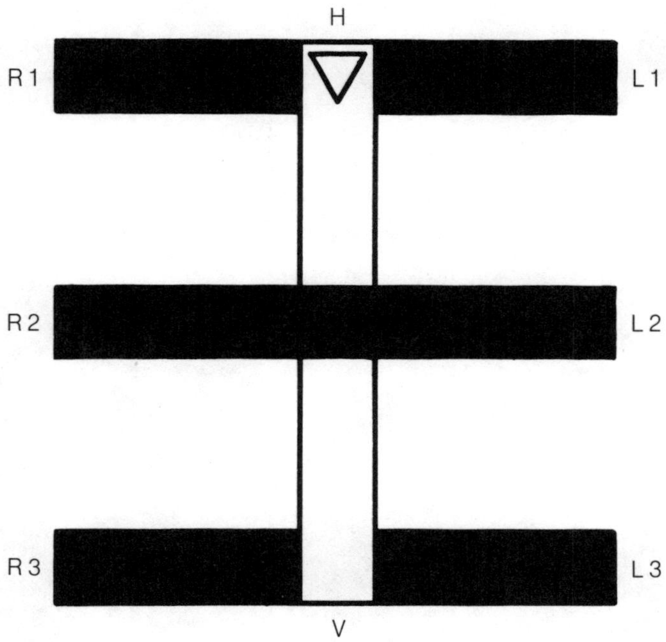

1

2

2

3

4

4

5

6

7

7

8

8

9

9

10

Junbi

a) Mit dem Gesicht in Richtung „V“ stehen, den linken Fuß zur Seite stellen.
b) Pyonhi-sogi.
c) Gibon-junbi.

1.

a) Den linken Fuß in Richtung „L1“ setzen und den Körper nach links drehen.
b) Links Ap-gubi.
c) Links Arae-makki.

2.

a) Rechts Ap-chagi treten und den Fuß wieder zurücksetzen.
b) Rechts Dwit-gubi in Richtung „L1“.
c) Links Pakkat-palmok-momdong-pakkat-makki.

3.

a) Auf dem linken Fuß rechtsherum in Richtung „R1“ wenden.
b) Rechts Ap-gubi.
c) Rechts Arae-makki.

4.

a) Links Ap-chagi treten und den Fuß wieder zurücksetzen.
b) Links Dwit-gubi in Richtung „R1“.
c) Rechts Pakkat-palmok-momdong-pakkat-makki.

5.

a) Auf dem rechten Fuß nach links drehen und den linken Fuß in Richtung „V“ setzen.
b) Links Ap-gubi.
c) Rechts Jebipum-hansonnal-olgul-pakkat-makki.

6.

a) Rechts Dolyo-chagi treten und in Richtung „V“ absetzen.
b) Rechts Ap-sogi.

7.

a) Links in Richtung „L2“ vorgehen.
b) Links Ap-gubi.
c) Links Pakkat-palmok-olgul-pakkat-makki und rechts Momdong-paro-jirugi in schneller Folge.

8.

a) Rechts Ap-chagi treten und den Fuß in Richtung „L2“ absetzen.
b) Rechts Ap-gubi.
c) Links Paro-jirugi.

9.

a) Auf dem linken Fuß rechtsherum wenden und den rechten Fuß in Richtung „R2“ setzen.
b) Rechts Ap-gubi.
c) Rechts Pakkat-palmok-olgul-pakkat-makki und rechts Momdong-paro-jirugi in schneller Folge.

10.

a) Links Ap-chagi treten und in Richtung „R2“ absetzen.
b) Links Ap-gubi.
c) Rechts Paro-jirugi.

10

11

12

13

14

15

15

16

17

17

18

19

20

21

22

23

11.
a) Auf dem rechten Fuß linksherum drehen, bis das Gesicht in Richtung „V“ zeigt.
b) Pyonhi-sogi.
c) Arae-hechyo-makki (langsam).

12.
a) Rechts in Richtung „V“ vorgehen.
b) Rechts Ap-gubi.
c) Links Jebipum-hansonnal-olgul-pakkat-makki.

13.
a) Links Dolyo-chagi mit „Kihap“ treten und schnell in Richtung „V“ absetzen.
b) Links Ap-sogi.

14.
a) Auf dem linken Fuß schnell rechtsherum drehen und den rechten Fuß in Richtung „L3“ absetzen.
b) Rechts Ap-gubi.
c) Rechts Arae-makki.

15.
a) Links Ap-chagi treten und wieder zurücksetzen.
b) Links Dwit-gubi in Richtung „L3“.
c) Rechts Pakkat-palmok-momdong-pakkat-makki.

16.
a) Auf dem rechten Fuß linksherum in Richtung „R3“ wenden.
b) Links Ap-gubi.
c) Links Arae-makki.

17.
a) Rechts Ap-chagi treten und wieder zurücksetzen.
b) Rechts Dwit-sogi in Richtung „R3“.
c) Links Pakkat-palmok-momdong-pakkat-makki.

18. .
a) Auf dem linken Fuß linksherum drehen und den rechten Fuß in Richtung „H“ setzen.
b) Rechts Dwit-gubi in Richtung „V“.
c) Sonnal-momdong-makki.

19.
a) Mit dem Gesicht in Richtung „V“ stehen, den linken Fuß in Richtung „H“ zurücksetzen.
b) Links Dwit-gubi.
c) Sonnal-momdong-makki.

20.
a) Mit dem Gesicht in Richtung „V“ stehen, den rechten Fuß zurücksetzen in Richtung „H“.
b) Links Ap-gubi.
c) Links Batangson-momdong-makki.

21.
a) Unverändert.
b) Unverändert.
c) Rechts Momdong-paro-jirugi.

22.
a) Mit dem Gesicht in Richtung „V“ stehen, den linken Fuß zurücksetzen in Richtung „H“.
b) Rechts Ap-gubi.
c) Rechts Batangson-momdong-makki.

23.
a) Unverändert.
b) Unverändert.
c) Links Momdong-paro-jirugi.

Guman
a) Mit dem Gesicht in Richtung „V“ stehen, den linken Fuß vorziehen.
b) Pyonhi-sogi.
c) Gibon-junbi.

444

Taeguk 7 (sil) Chang

Drückt man das Symbol für Taeguk 7 Chang in chinesischer Schrift aus, bedeutet es höchster oder oberster Haltepunkt oder wörtlich Gipfel eines Berges. Das Symbol steht hier für Berg. Ein Berg steht unverrückbar fest, und der Mensch trachtet seine Festigkeit dadurch zu erringen, daß er geht, wenn er muß, und anhält, wenn dies geboten ist.

Im Sinne des Symbols sollen die Bewegungen des Taeguk 7 Chang neben der notwendigen Bewegung auch den ebenso notwendigen Halt ausdrücken. Damit die Freiheit der Bewegung aufgezeigt wird, ist Bom-sogi Bestandteil der Form.

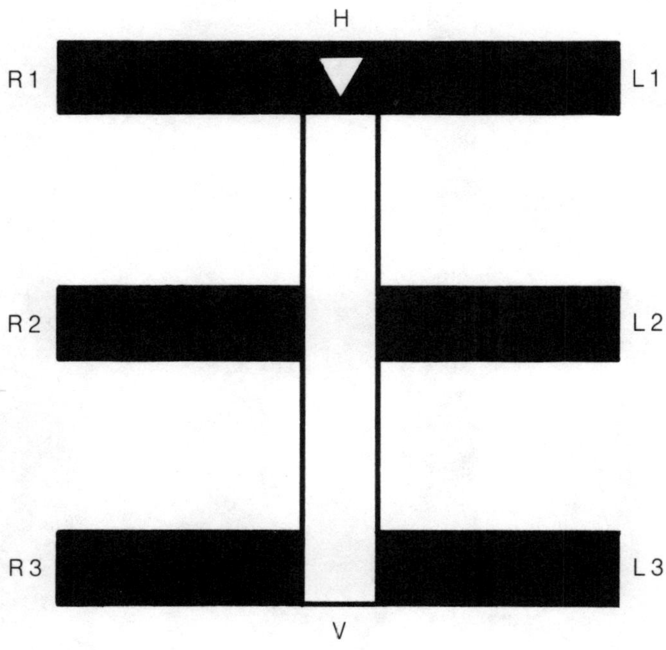

1

2

2

3

4

4

5

6

7

8

9

10

11

12

12

13

13

Junbi

a) Mit dem Gesicht in Richtung „V“ stehen, den linken Fuß zur Seite stellen.
b) Pyonhi-sogi.
c) Gibon-junbi.

1.

a) In Richtung „L1“ drehen.
b) Links Bom-sogi.
c) Rechts Batangson-momdong-makki.

2.

a) Rechts Ap-chagi treten und wieder zurücksetzen.
b) Links Bom-sogi.
c) Links Momdong-an-makki.

3.

a) Auf dem linken Fuß in Richtung „R1“ wenden.
b) Rechts Bom-sogi.
c) Links Batangson-momdong-makki.

4.

a) Links Ap-chagi treten und wieder zurücksetzen.
b) Rechts Bom-sogi.
c) Rechts Momdong-an-makki.

5.

a) Den linken Fuß in Richtung „V“ setzen.
b) Rechts Dwit-gubi.
c) Sonnal-arae-makki.

6.

a) Rechts in Richtung „V“ vorgehen.
b) Links Dwit-gubi.
c) Sonnal-arae-makki.

7.

a) Den linken Fuß in Richtung „L2“ setzen.
b) Links Bom-sogi.
c) Rechts Batangson-momdong-an-makki, linker Dung-jumok kommt unter den rechten Ellenbogen.

8.

a) Unverändert
b) Unverändert.
c) Rechts Dung-jumok-ape-chiki in schneller Folge, linker Dung-jumok bleibt, wo er war.

9.

a) Auf der Stelle rechtsherum in Richtung „R2“ wenden.
b) Rechts Bom-sogi.
c) Links Batangson-momdong-an-makki, rechter Dung-jumok kommt unter den linken Ellenbogen.

10.

a) Unverändert.
b) Unverändert.
c) Links Dung-jumok-ape-chiki in schneller Folge, rechter Dung-jumok bleibt, wo er war.

11.

a) Mit dem Gesicht in Richung „V“ stehen, nachdem der linke Fuß zum rechten gezogen wurde.
b) Moa-sogi.
c) Mo-jumok vor dem Kinn formen.

12.

a) Links in Richtung „V“ vorgehen.
b) Links Ap-gubi.
c) Pandae-, dann Paro-gawi-makki, (zuerst rechts, dann links Arae-makki).

13.

a) Rechts in Richtung „V“ vorgehen.
b) Rechts Ap-gubi.
c) Pandae- und Paro-gawi-makki in schneller Folge.

14

15

15

16

17

18

18

19

(20)

(21)

(21)

(22)

(23)

(23)

(24)

(25)

14.
a) Auf dem rechten Fuß linksherum drehen und den linken Fuß in Richtung „R3“ setzen.
b) Links Ap-gubi.
c) Pakkat-palmok-momdong-hechyo-makki.

15.
a) Mit dem rechten Knie Murup-chiki treten und dann in Richtung „R3“ vorspringen.
b) Rechts Koa-sogi.
c) Du-jumok-momdong, jochyo-jirugi (schnell).

16.
a) Mit dem Gesicht in Richtung „R3“ stehen, linken Fuß zurücksetzen.
b) Rechts Ap-gubi.
c) Otgoro-arae-makki (schnell).

17.
a) Auf dem linken Fuß rechtsherum wenden und den rechten Fuß in Richtung „L3“ setzen.
b) Rechts Ap-gubi.
c) Pakkat-palmok-momdong-hechyo-makki.

18.
a) Links Murup-chiki treten, dann in Richtung „L3“ vorspringen.
b) Links Koa-sogi.
c) Du-jumok-momdong-jochyo-jirugi (schnell).

19.
a) Mit dem Gesicht in Richtung „L3“ stehen, rechten Fuß zurücksetzen.
b) Links Ap-gubi.
c) Otgoro-arae-makki (schnell).

20.
a) Den linken Fuß in Richtung „H“ setzen, dabei den Körper aufrichten.
b) Links Ap-sogi.
c) Links Dung-jumok-olgul-pakkat-chiki.

21.
a) Rechts Pyojok-chagi gegen die ausgestreckte linke Hand treten und in Richtung „H“ absetzen.
b) Chuchum-sogi.
c) Rechts Palkup-pyojok-chiki (Gesicht in Richtung „H“).

22.
a) Körper in Richtung „H“ aufrichten, dabei den linken Fuß heranziehen.
b) Rechts Ap-sogi.
c) Rechts Dung-jumok-olgul-pakkat-chiki.

23.
a) Links Pyojok-chagi treten und in Richtung „H“ absetzen.
b) Chuchum-sogi.
c) Links Palkup-pyojok-chiki (Gesicht in Richtung „H“).

24.
a) Unverändert.
b) Unverändert.
c) Links Hansonnal-momdong-yop-makki.

25.
a) Rechts in Richtung „H“ vorgesehen.
b) Chuchum-sogi.
c) Rechts Jumok-yop-jirugi mit „Kihap“, dabei die linke Hand zur Taille ziehen.

Guman
a) Auf dem rechten Fuß linksherum drehen, bis das Gesicht in Richtung „V“ zeigt.
b) Pyonhi-sogi.
c) Gibon-junbi.

445

Taeguk 8 (pal) Chang

Das achte und letzte Symbol des Taeguk steht für Erde. Die Erde ist die Mutter des Lebens, sie bringt dieses nicht nur hervor, sondern sie sorgt auch dafür, daß es erhalten und entwickelt wird. Sie macht erst durch ihre Fruchtbarkeit die Schöpfung des Himmels möglich.

Taeguk 8 Chang ist die letzte Form für den Schüler auf seinem Weg zum Meister. In ihr sollen sich die Früchte seiner Bemühungen sammeln, hier wird den bisher erlernten Techniken der letzte Schliff verliehen.

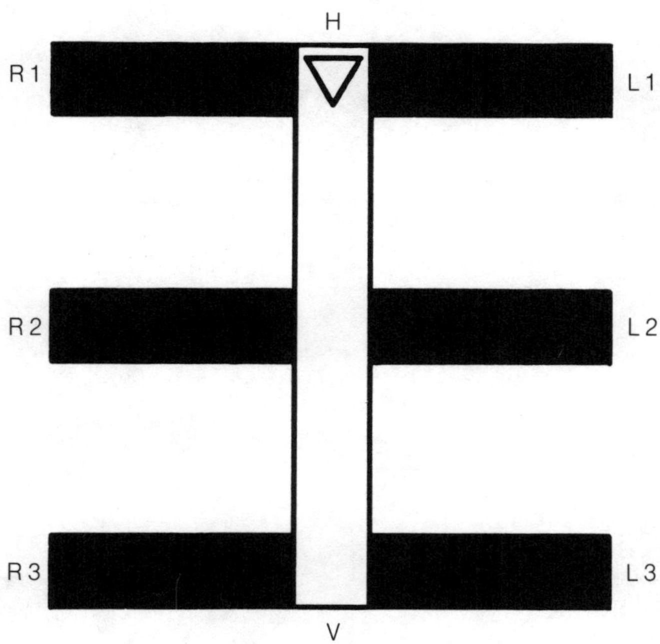

1

1

2

2

2

2

3

4

5

6

6

7

8

9

10

10

Junbi

a) Mit dem Gesicht in Richtung „V“ stehen, linken Fuß zur Seite stellen.
b) Pyonhi-sogi.
c) Gibon-junbi.

1.

a) Links in Richtung „V“ vorgehen.
b) Rechts Dwit-gubi.
c) Links Pakkat-palmok-momdong-goduro-makki, anschließend schnell rechts Momdong-paro-jirugi; dabei linken Fuß zu Ap-gubi vorschieben.

2.

a) Mit linkem Dubaldangsang-ap-chagi in Richtung „V“ vorspringen (mit „Kihap“).
b) Links Ap-gubi.
c) Links Momdong-an-makki und anschließend Momdong-dubon-jirugi.

3.

a) Rechts in Richtung „V“ vorgehen.
b) Rechts Ap-gubi.
c) Rechts Momdong-pandae-jirugi.

4.

a) Auf dem rechten Fuß linksherum drehen und den linken Fuß in Richtung „R3“ setzen; mit den Augen in Richtung „R3“ blicken.
b) Rechts Ap-gubi.
c) Oesantul-makki.

5.

a) Den Körper in Richtung „R3“ eindrehen, ohne die Füße zu verstellen.
b) Links Ap-gubi.
c) Rechts Jumok-dangyo-tok-jirugi (langsam).

6.

a) Mit dem linken Fuß in Richtung „L3“ vor dem rechten über Kreuz gehen, dann den rechten Fuß in Richtung „L3“ setzen.
b) Links Ap-gubi mit dem Blick in Richtung „L3“.
c) Oesantul-makki.

7.

a) Den Körper linksherum drehen.
b) Rechts Ap-gubi.
c) Links Jumok-dangyo-tok-jirugi (langsam).

8.

a) Auf dem linken Fuß linksherum drehen und den rechten Fuß in Richtung „H“ setzen mit Blickrichtung nach „V“.
b) Rechts Dwit-gubi.
c) Sonnal-momdong-makki.

9.

a) Links vorgleiten.
b) Links Ap-gubi.
c) Rechts Momdong-paro-jirugi.

10.

a) Rechts Ap-chagi treten und wieder zurücksetzen, dann links einen Schritt zurückgehen und den rechten Fuß schnell nachziehen.
b) Rechts Bom-sogi.
c) Rechts Batangson-momdong-makki.

11

12

12

13

14

15

15

16

(17)

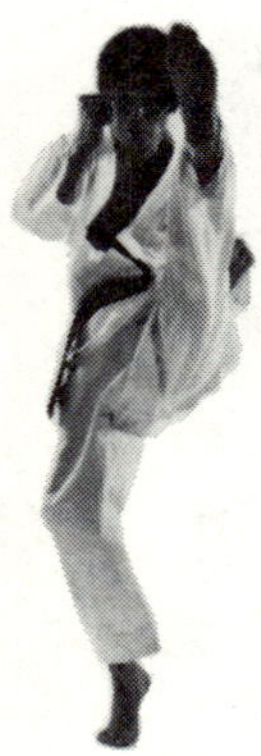
(18)

(18)

(18)

(18)

(18)

11.
a) Links in Richtung „L2“ gehen.
b) Links Bom-sogi.
c) Sonnal-momdong-makki.

12.
a) Links Ap-chagi treten und in Richtung „L2“ absetzen.
b) Links Ap-gubi.
c) Rechts Momdong-paro-jirugi (schnell).

13.
a) Den linken Fuß heranziehen.
b) Links Bom-sogi.
c) Links Batangson-momdong-makki (schnell).

14.
a) Auf der Stelle rechtsherum in Richtung „R2“ wenden.
b) Rechts Bom-sogi.
c) Sonnal-momdong-makki.

15.
a) Rechts Ap-chagi treten und in Richtung „R2“ absetzen.
b) Rechts Ap-gubi.
c) Links Momdong-paro-jirugi (schnell).

16.
a) Den rechten Fuß heranziehen.
b) Rechts Bom-sogi.
c) Rechts Batangson-momdong-makki (schnell).

17.
a) Rechts in Richtung „H“ vorgehen.
b) Links Dwit-gubi.
c) Goduro-arae-makki.

18.
a) Links Ap-chagi treten, dann erst rechts abspringen und Twio-ap-chagi mit „Kihap“ treten. Der linke Fuß landet da, wo der rechte vorher stand.
b) Rechts Ap-gubi.
c) Rechts Momdong-an-makki und anschließend schnell Momdong-dubon-jirugi.

19

20

21

21

22

23

24

24

19.
a) Auf dem rechten Fuß linksherum drehen und den linken Fuß in Richtung „L1" setzen.
b) Rechts Dwit-gubi.
c) Links Hansonnal-momdong-pakkat-makki.

20.
a) Links in Richtung „L1" vorgleiten.
b) Links Ap-gubi.
c) Rechts Palkup-olgul-dolyo-chiki.

21.
a) Unverändert.
b) Unverändert.
c) Rechts Dung-jumok-olgul-ape-chiki und dann schnell links Momdong-pandae-jirugi.

22.
a) Auf dem linken Fuß rechtsherum in Richtung „R1" wenden.
b) Links Dwit-gubi.
c) Rechts Hansonnal-momdong-pakkat-makki.

23.
a) Rechts in Richtung „R1" vorgleiten.
b) Rechts Ap-gubi.
c) Links Palkup-olgul-dolyo-chiki.

24.
a) Unverändert.
b) Unverändert.
c) Links Dung-jumok-olgul-ape-chiki und dann schnell rechts Momdong-pandae-jirugi.

Guman
a) Den linken Fuß heranziehen und den Körper sowie das Gesicht in Richtung „V" drehen.
b) Pyonhi-sogi.
c) Gibon-junbi.

Koryo

446

Koryo ist der Name einer alten Dynastie, die von 918 bis 1392 n. Chr. an der Macht war. Wir nennen heute Korea nach dem Namen dieses Königshauses. Die Koryo-Dynastie hatte einen großen Einfluß auf das kulturelle Erbe des heutigen Korea. Als erstes Volk der Welt benutzten die Koreaner bereits 1234 metallene Druckbuchstaben. Das war etwa 200 Jahre vor Johannes Gutenberg. Auch die berühmte Koryo-Keramik stammt aus dieser Zeit. Es ist bekannt, daß das koreanische Volk sich ebenso tapfer wie erfolgreich gegen die Mongolen zur Wehr setzten, die damals die ganze bekannte Welt durch ihre feindlichen Einfälle in Angst und Schrecken versetzten.

Poomse Koryo spiegelt in ihren Bewegungen die geistige Haltung des Koryo-Volkes wieder, das mit Überzeugung und starkem Willen dem mächtigen Feind widerstand.

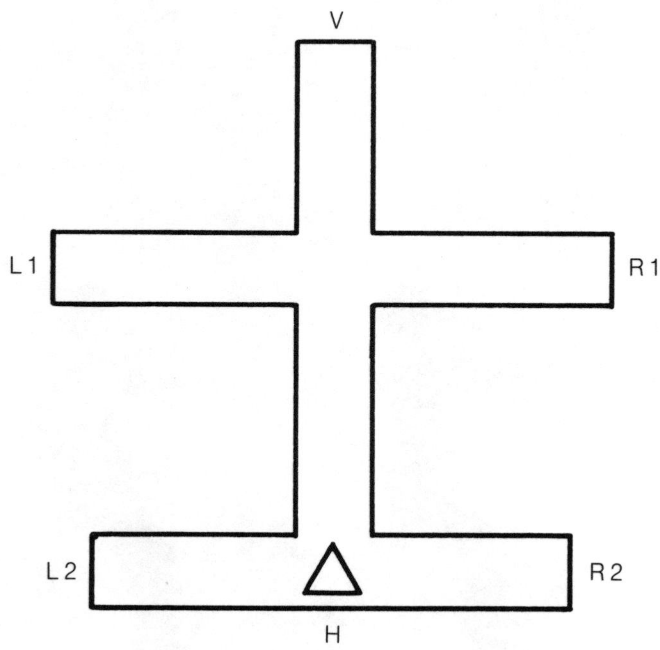
V
L1
R1
L2
R2
H

1

2

2

2

3

4

5

6

6

6

7

8

Junbi

a) Mit dem Gesicht in Richtung „V“ stehen, den linken Fuß zur Seite stellen und die Hände in Kinnhöhe bringen.
b) Pyonhi-sogi.
c) Tongmilgi-junbi.

1.

a) Den linken Fuß in Richtung „L1“ setzen.
b) Links Dwit-gubi.
c) Sonnal-momdong-makki.

2.

a) Rechts I-dan-yop-chagi in Richtung „L1“ treten (Arae-yop-chagi zum Knie, und ohne abzusetzen Momdong-yop-chagi), dann in Richtung „L1“ absetzen.
b) Rechts Ap-gubi.
c) Sonnal-pakkat-chiki.

3.

a) Unverändert.
b) Unverändert.
c) Momdong-paro-jirugi.

4.

a) Den rechten Fuß etwas zurückziehen.
b) Links Dwit-gubi.
c) Momdong-makki.

5.

a) Auf dem linken Fuß rechtsherum wenden und den rechten Fuß in Richtung „R1“ setzen.
b) Links Dwit-gubi.
c) Sonnal-momdong-makki.

6.

a) Links I-dan-yop-chagi treten und in Richtung „R1“ absetzen.
b) Links Ap-gubi.
c) Sonnal-pakkat-chiki.

7.

a) Unverändert.
b) Unverändert.
c) Momdong-paro-jirugi.

8.

a) Den linken Fuß etwas heranziehen.
b) Rechts Dwit-gubi.
c) Momdong-makki.

9

9

9

10

10

11

11

11

12

12

(13)

(14)

(14)

(15)

16

9.
a) Auf dem rechten Fuß nach links drehen und den linken Fuß in Richtung „V“ setzen.
b) Links Ap-gubi.
c) Links Hansonnal-arae-makki, dann rechts Hanson-kaljaebi (Würgegriff mit einer Hand).

10.
a) Rechts Ap-chagi treten und in Richtung „V“ absetzen.
b) Rechts Ap-gubi.
c) Rechts Hansonnal-arae-makki, anschließend links Hanson-kaljaebi.

11.
a) Links Ap-chagi treten und in Richtung „V“ absetzen.
b) Links Ap-gubi.
c) Links Hansonnal-arae-makki, dann rechts Hanson-kaljaebi.

12.
a) Rechts Ap-chagi treten und in Richtung „V“ absetzen.
b) Rechts Ap-gubi.
c) Murup-kokki (Knie-Abwehr), (die rechte Hand macht mit der Handfläche nach oben eine schaufelnde Bewegung, während die linke Hand mit der Handfläche nach unten eine drückende Bewegung ausführt).

13.
a) Auf dem rechten Fuß rechtsherum drehen und den linken Fuß in Richtung „V“ setzen.
b) Rechts Ap-gubi in Richtung „H“.
c) Anpalmok-momdong-hechyo-makki. (Hierbei machen beide Hände eine greifende Bewegung.)

14.
a) Links Ap-chagi treten und in Richtung „H“ absetzen.
b) Links Ap-gubi.
c) Murup-kokki. (Die linke Hand macht mit der Handfläche nach oben eine schaufelnde Bewegung, während die rechte Hand mit der Handfläche nach unten eine drückende Bewegung ausführt.)

15.
a) Den linken Fuß etwas zurückziehen.
b) Links Ap-sogi.
c) Anpalmok-momdong-hechyo-makki. (Beide Hände führen eine greifende und verdrehende Bewegung aus.)

16.
a) Auf dem linken Fuß rechtsherum drehen und den rechten Fuß in Richtung „R2“ setzen.
b) Chuchum-sogi, Blickrichtung „L2“.
c) Links Hansonnal-momdong-pakkat-makki.

17

18

18

18

19

20

20

21

22

23

23

23

17.
a) Unverändert.
b) Unverändert.
c) Rechts Jumok-pyojok-jirugi.

18.
a) Mit dem rechten Fuß den linken in Richtung „L2" überkreuzen; beide Fäuste sind an der linken Hüfte. Bei Gewichtsverlagerung auf den rechten Fuß links Yop-chagi in Richtung „L2" treten und absetzen.
b) Rechts Ap-gubi in Richtung „R2".
c) Links Pyonson-kut-jochyo-chirugi.

19.
a) Den rechten Fuß etwas zurückziehen.
b) Rechts Ap-sogi.
c) Arae-makki.

20.
a) Links einen Schritt vorgehen, links Batangson-momdong-nullo-makki, dann rechts in Richtung „R2" vorgehen.
b) Chuchum-sogi.
c) Rechts Palkup-yop-chiki in Richtung „R2".

21.
a) Unverändert.
b) Unverändert.
c) Rechts Hansonnal-momdong-pakkat-makki.

22.
a) Unverändert.
b) Unverändert.
c) Links Jumok-pyojok-jirugi.

23.
a) Der linke Fuß überkreuzt den rechten in Richtung „R2". Nach Verlagerung des Gewichts rechts Yop-chagi in Richtung „R2" treten und absetzen.
b) Links Ap-gubi in Richtung „L2".
c) Rechts Pyonson-kut-Jochyo-chirugi.

24

25

25

26

(27)

(27)

(28)

(28)

(29)

(29)

(30)

24.
a) Den linken Fuß etwas zurückziehen.
b) Links Ap-sogi.
c) Arae-makki.

25.
a) Rechts in Richtung „L2“ vorgehen; rechts Batangson-momdong-nullo-makki, dann schnell den linken Fuß nach vorn setzen.
b) Chuchum-sogi.
c) Links Palkup-yop-chiki.

26.
a) Während der linke Fuß zum rechten herangezogen wird, werden beide Hände in Gesichtshöhe gehoben und dann in einen seitlichen Kreisbogen unten zusammengeführt.
b) Moa-sogi.
c) Links Me-jumok-pyojok-arae-chiki mit dem Gesicht in Richtung „V“.

27.
a) Auf dem rechten Fuß linksherum drehen und den linken Fuß in Richtung „H“ setzen.
b) Links Ap-sogi.
c) Links erst Hansonnal-pakkat-mok-chiki, dann Hansonnal-arae-makki.

28.
a) Rechts in Richtung „H“ vorgehen.
b) Rechts Ap-sogi.
c) Rechts erst Hansonnal-mokchiki, dann Hansonnal-arae-makki.

29.
a) Links in Richtung „H“ vorgehen.
b) Links Ap-sogi.
c) Links erst Hansonnal-mokchiki, dann Hansonnal-arae-makki.

30.
a) Rechts in Richtung „H“ vorgehen.
b) Rechts Ap-gubi.
c) Rechts Hanson-kaljaebi mit „Kihap“.

Guman
a) Auf dem rechten Fuß linksherum drehen, bis das Gesicht in Richtung „V“ gerichtet ist.
b) Pyonhi-sogi.
c) Tongmilgi-junbi.

Kumgang

447

Mit dem Wort Kumgang sind in Korea viele Begriffe verbunden. So bedeutet das Wort selbst: zu fest, um zerbrochen zu werden. Kumgang ist aber auch die Bezeichnung buddhistischer Mönche für die Beendigung aller Seelenpein durch Weisheit und Tugend. Der schönste Berg Koreas wird Kumgang-San genannt, Kumgang-Sok ist die Bezeichnung für Diamant.

Entsprechend den Bedeutungen ist Kumgang im Taekwondo eine Bewegungsform, die auf geistiger Kraft basiert, mit der Erhabenheit der Berge und der Härte eines Diamants gleichzeitig vergleichbar.

Die Form des Diagramms bedeutet in chinesischer Schrift: Berg.

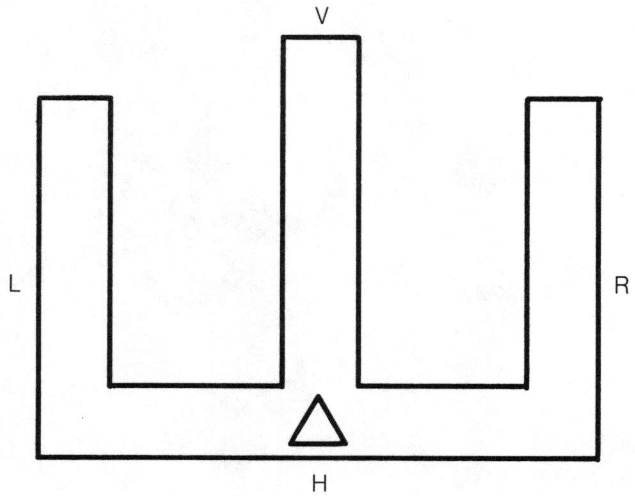
V
L
R
H

1 2 3 4 5 6 7

8 9 10 10 11

11 12 13 14 14 15

Junbi

a) Mit dem Gesicht in Richtung „V" stehen, den linken Fuß zur Seite stellen.
b) Pyonhi-sogi.
c) Gibon-junbi.

1.

a) Links in Richtung „V" vorgehen.
b) Links Ap-gubi.
c) Anpalmok-hechyo-makki.

2.

a) Rechts vorgehen.
b) Rechts Ap-gubi.
c) Rechts Batangson-tok-chiki.

3.

a) Links vorgehen.
b) Links Ap-gubi.
c) Links Batangson-tok-chiki.

4.

a) Rechts vorgehen.
b) Rechts Ap-gubi.
c) Rechts Batangson-tok-chiki.

5.

a) Rechts zurückgehen, das Gesicht zeigt in Richtung „V".
b) Rechts Dwit-gubi.
c) Links Hansonnal-momdong-an-makki.

6.

a) Links zurückgehen.
b) Links Dwit-gubi.
c) Rechts Hansonnal-momdong-makki.

7.

a) Rechts zurückgehen.
b) Rechts Dwit-gubi.
c) Links Hansonnal-momdong-makki.

8.

a) Den linken Fuß zum Knie des rechten Beins hochziehen; dabei langsam und kraftvoll den rechten Arm aufwärts- und den linken abwärtsführen mit Blickrichtung „L".
b) Rechts Hakdari-sogi.
c) Kumgang-makki.

9.

a) Den linken Fuß in Richtung „L" setzen.
b) Chuchum-sogi.
c) Kun-dolchogi in Richtung „L".

10.

a) Zuerst rechts, dann links schnell je einen Schritt in Richtung „L" gehen und dabei eine 360-Grad-Linksdrehung ausführen.
b) Chuchum-sogi.
c) Kun-dolchogi in Richtung „L".

11.

a) Mit dem rechten Fuß in Richtung „V" vorgehen und dabei fest auf den Boden stampfen.
b) Chuchum-sogi.
c) Santul-makki mit Blickrichtung „V" (mit „Kihap").

12.

a) Auf dem rechten Fuß rechtsherum drehen und den linken Fuß in Richtung „V" setzen.
b) Chuchum-sogi.
c) Anpalmok-momdong-hechyo-makki.

13.

a) Der linke Fuß wird etwas zum rechten gezogen. Die Arme vor der Brust kreuzen und dann in einem Kreisbogen langsam aber kraftvoll abwärtsführen.
b) Pyonhi-sogi.
c) Arae-hechyo-makki mit Blickrichtung „R".

14.

a) Auf dem rechten Fuß rechtsherum drehen und den linken Fuß in Richtung „H" setzen; dabei fest auf den Boden stampfen.
b) Chuchum-sogi.
c) Santul-makki mit Blickrichtung „L".

15.

a) Auf dem linken Fuß nach rechts drehen und den rechten Fuß zu Hakdari-sogi hochziehen.
b) Links Hakdari-sogi.
c) Kumgang-makki mit dem Gesicht in Richtung „R" langsam ausführen.

16

17

17

18

19

20

20

21

21

22

23

24

24

25

26

27

27

16.
a) Den rechten Fuß schnell in Richtung „R“ absetzen.
b) Chuchum-sogi.
c) Kun-dolchogi in Richtung „R“.

17.
a) Erst links, dann rechts schnell in Richtung „R“ je einen Schritt gehen und dabei eine 360-Grad-Rechtsdrehung vollführen.
b) Chuchum-sogi.
c) Kun-dolchogi in Richtung „R“.

18.
a) Den rechten Fuß hochziehen.
b) Links Hakdari-sogi.
c) Kumgang-makki (langsam).

19.
a) Den rechten Fuß in Richtung „R“ absetzen.
b) Chuchum-sogi.
c) Kun-dolchogi.

20.
a) Erst links, dann rechts schnell in Richtung „R“ je einen Schritt gehen und dabei eine 360-Grad-Rechtsdrehung ausführen.
b) Chuchum-sogi.
c) Kun-dolchogi.

21.
a) Links in Richtung „V“ vorgehen, dabei fest aufstampfen.
b) Chuchum-sogi.
c) Santul-makki mit „Kihap“, das Gesicht zeigt in Richtung „V“.

22.
a) Auf dem linken Fuß linksherum drehen und den rechten Fuß in Richtung „V“ absetzen.
b) Chuchum-sogi.
c) Anpalmok-momdong-hechyo-makki.

23.
a) Den rechten Fuß etwas heranziehen.
b) Pyonhi-sogi.
c) Arae-hechyo-makki.

24.
a) Auf dem linken Fuß linksherum drehen und den rechten in Richtung „H“ stampfend absetzen.
b) Chuchum-sogi.
c) Santul-makki.

25.
a) Auf dem rechten Fuß nach links drehen und den linken Fuß hochziehen.
b) Rechts Hakdari-sogi.
c) Kumgang-makki (langsam und mit dem Gesicht in Richtung „L“).

26.
a) Links schnell in Richtung „L“ absetzen.
b) Chuchum-sogi.
c) Kun-dolchogi in Richtung „L“.

27.
a) Erst rechts, dann links schnell je einen Schritt in Richtung „L“ gehen und dabei eine 360-Grad-Linksdrehung ausführen.
b) Chuchum-sogi.
c) Kun-dolchogi.

Guman
a) Den linken Fuß heranziehen.
b) Pyonhi-sogi.
c) Gibon-junbi.

Taebaek

448

Die Sage über die Gründung Koreas berichtet, daß vor über viertausenddreihundert Jahren von dem legendären Tangun auf Taebaek, dem heutigen Berg Baekdu, das Volk Koreas gegründet wurde.

Der Berg Baekdu ist der größte und erhabenste Berg Koreas. Er wird als Symbol des Landes angesehen.

Poomse Taebaek demonstriert nicht nur Genauigkeit und Schnelligkeit, sondern auch Strenge und Entschlossenheit.

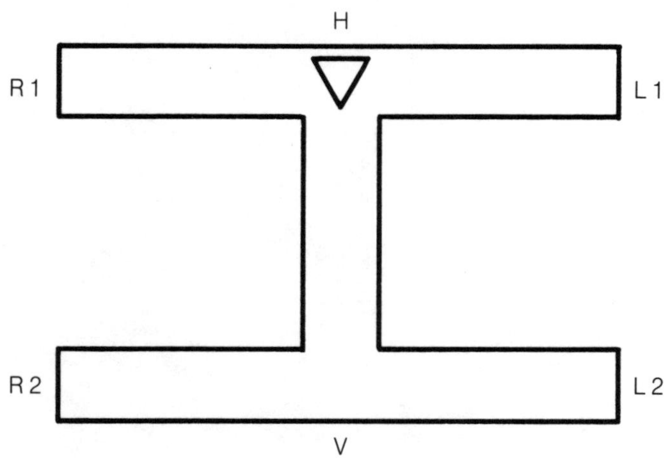
H
R1
L1
R2
L2
V

1 2 2 2

3 4 4 4

5 6 6 7 7 8 8

Junbi

a) Den linken Fuß zur Seite stellen mit Blickrichtung „V".
b) Pyonhi-sogi.
c) Gibon-junbi.

1.

a) Den Körper in Richtung „L1" drehen.
b) Links Bom-sogi.
c) Sonnal-arae-hechyo-makki.

2.

a) Rechts Ap-chagi treten und in Richtung „L1" absetzen.
b) Rechts Ap-gubi.
c) Momdong-dubon-jirugi.

3.

a) Auf dem linken Fuß rechtsherum wenden und den rechten Fuß in Richtung „R1" setzen.
b) Rechts Bom-sogi.
c) Sonnal-arae-hechyo-makki.

4.

a) Links Ap-chagi treten und in Richtung „R1" absetzen.
b) Links Ap-gubi.
c) Momdong-dubon-jirugi.

5.

a) Auf dem rechten Fuß nach links drehen und den linken Fuß in Richtung „V" setzen.
b) Links Ap-gubi.
c) Jebipum-sonnal-mok-chiki.

6.

a) Die rechte Hand mit der Handfläche nach unten bringen, dann rechts in Richtung „V" vorgehen.
b) Rechts Ap-gubi.
c) Momdong-paro-jirugi.

7.

a) Die linke Hand strecken und mit der Handfläche nach außen herunterziehen; dann links in Richtung „V" vorgehen.
b) Links Ap-gubi.
c) Momdong-paro-jirugi.

8.

a) Die rechte Hand strecken und mit der Handfläche nach außen herunterziehen; dann rechts in Richtung „V" vorgehen.
b) Rechts Ap-gubi.
c) Momdong-paro-jirugi mit „Kihap".

9

10

11

12

13

13

14

15

16

17

18

18

9.
a) Auf dem rechten Fuß linksherum drehen und den linken Fuß in Richtung „R2“ setzen.
b) Rechts Dwit-gubi.
c) Kumgang-momdong-makki.

10.
a) Unverändert.
b) Unverändert.
c) Dangyo-tok-jirugi.

11.
a) Unverändert.
b) Unverändert.
c) Links Jumok-yop-jirugi.

12.
a) Den linken Fuß hochziehen.
b) Rechts Hakdari.
c) Jagun-dolchogi (linke Faust über der rechten).

13.
a) Links Yop-chagi treten und in Richtung „R2“ absetzen.
b) Links Ap-gubi.
c) Rechts Palkup-pyojok-chiki.

14.
a) Den Körper nach rechts drehen und den linken Fuß zu Moa-sogi zum rechten ziehen. Dann den rechten Fuß in Richtung „L2“ setzen.
b) Links Dwit-gubi.
c) Kumgang-momdong-makki.

15.
a) Unverändert.
b) Unverändert.
c) Dangyo-tok-jirugi.

16.
a) Unverändert.
b) Unverändert.
c) Rechts Jumok-yop-jirugi.

17.
a) Den rechten Fuß hochziehen.
b) Links Hakdari-sogi.
c) Jagun-dolchogi (rechte Faust über der linken).

18.
a) Rechts Yop-chagi treten und in Richtung „L2“ absetzen.
b) Rechts Ap-gubi.
c) Links Palkup-pyojok-chiki.

(19)

(20)

(21)

(21)

(22)

23

24

24

24

25

26

26

26

19.

a) Den rechten Fuß an den linken heranziehen, dann links in Richtung „H" vorgehen.
b) Rechts Dwit-gubi.
c) Sonnal-momdong-makki.

20.

a) Rechts in Richtung „H" vorgehen.
b) Rechts Ap-gubi.
c) Rechts Pyonson-kut-sewo-chirugi.

21.

a) Auf dem rechten Fuß den Körper nach links drehen und dabei den linken Fuß nach außen verstellen; sich dann linksherum weiterdrehen und den linken Fuß in Richtung „H" absetzen, so daß eine Drehung von 180 Grad ausgeführt wird.
b) Rechts Dwit-gubi.
c) Links Dung-jumok-olgul-pakkat-chiki (Ellenbogen ist etwas angewinkelt).

22.

a) Rechts in Richtung „H" vorgehen.
b) Rechts Ap-gubi.
c) Momdong-pandae-jirugi mit „Kihap".

23.

a) Auf dem rechten Fuß linksherum drehen und den linken Fuß in Richtung „L1" setzen.
b) Links Ap-gubi.
c) Gawi-makki (links Arae-makki).

24.

a) Rechts Ap-chagi treten und dann in Richtung „L1" absetzen.
b) Rechts Ap-gubi.
c) Momdong-dubon-jirugi.

25.

a) Auf dem linken Fuß rechtsherum drehen und den rechten Fuß in Richtung „R1" setzen.
b) Rechts Ap-gubi.
c) Gawi-makki (rechts Arae-makki).

26.

a) Links Ap-chagi treten und dann in Richtung „R1" absetzen.
b) Links Ap-gubi.
c) Momdong-dubon-jirugi.

Guman

a) Den linken Fuß linksherum zurückziehen, bis das Gesicht in Richtung „V" zeigt.
b) Pyonhi-sogi.
c) Gibon-junbi.

Pyongwon

449

Der Lebensraum des menschlichen Seins ist die Ebene. Weite und fruchtbare Ebenen geben uns Nahrung. Es ist der Ort, an dem der Mensch leben und fortdauern kann.

Eine große und offene Ebene erstreckt sich endlos und gibt dem Betrachter das Gefühl majestätischer Freiheit und Erhabenheit, ein Gefühl, das sich von dem im Gebirge oder auf See unterscheidet.

Die Offenbarung der Ebene mit ihrem Überfluß und der grenzenlosen Weite versinnbildlicht im Taekwondo Poomse Pyongwon.

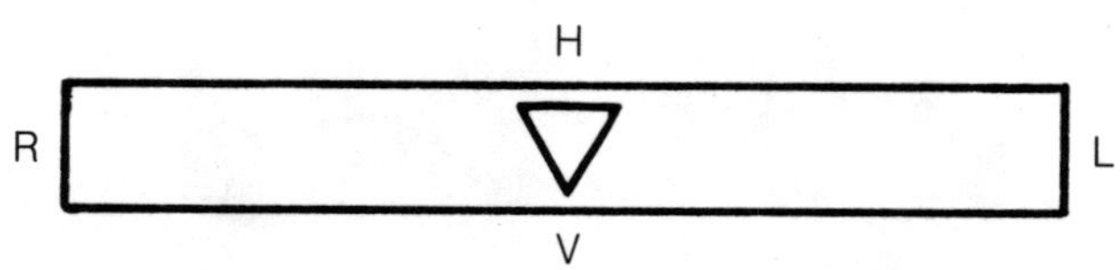
H
R
L
V

1

2

3

4

5

6

6

6

7

7

8

Junbi

a) Mit dem Gesicht in Richtung „V“ stehen.
b) Moa-sogi.
c) Gyopson-junbi.

1.

a) Den rechten Fuß zur Seite stellen.
b) Pyonhi-sogi.
c) Sonnal-arae-hechyo-makki (langsam, aber mit Kraft ausführen).

2.

a) Unverändert.
b) Unverändert.
c) Tongmilgi (Hände vorn zusammenführen, dann mit den Handflächen nach vorn vors Gesicht heben und einatmen. Dann die Hände nach vorn stoßen und ausatmen).

3.

a) Den rechten Fuß etwas in Richtung „R“ versetzen.
b) Links Dwit-gubi.
c) Rechts Hansonnal-arae-makki.

4.

a) In Richtung „L“ wenden.
b) Rechts Dwit-gubi.
c) Links Hansonnal-momdong-pakkat-makki.

5.

a) Links in Richtung „L“ vorgleiten.
b) Links Ap-gubi.
c) Rechts Palkup-olyo-chiki.

6.

a) Rechts Ap-chagi treten, am Standfuß absetzen, linksherum drehen, links Yop-chagi treten und in Richtung „L“ absetzen. Beide Tritte aufeinanderfolgend in Richtung „L“.
b) Links Dwit-gubi in Richtung „R“.
c) Rechts Sonnal-momdong-makki.

7.

a) Unverändert.
b) Unverändert.
c) Rechts Sonnal-arae-makki (dazu beide Hände über den Kopf heben und in einer Kreisbewegung den Block ausführen).

8.

a) Die Zehen des rechten Fußes einwärts drehen. Beide Hände in einer Halbkreisbewegung in Richtung linke Schulter führen.
b) Chuchum-sogi.
c) Rechts Goduro-olgul-makki.

9

10

11

12

13

14

15

15

16

16

9.

a) Den rechten Fuß heben und damit aufstampfen. Dabei den linken Arm mit offener Hand nach vorn strecken, greifen und heranziehen.
b) Chuchum-sogi.
c) Rechts Dang-gi-go-tok-chiki in Richtung „V“ mit „Kihap“

10.

a) Unverändert.
b) Unverändert.
c) Links Dang-gi-go-tok-chiki (mit der rechten Hand eine Greifbewegung nach vorn ausführen).
Die Bewegungen von 9. und 10. in schneller Folge ausführen.

11.

a) Der linke Fuß überkreuzt vorn den rechten.
b) Ap-koa-sogi.
c) Monge-chiki (Blickrichtung „R“).

12.

a) Den rechten Fuß in Richtung „R“ setzen.
b) Chuchum-sogi.
c) Hechyo-santul-makki.

13.

a) Den rechten Fuß hochziehen.
b) Links Hakdari-sogi.
c) Kumgang-makki.

14.

a) Unverändert.
b) Unverändert.
c) Jagun-dolchogi.

15.

a) Rechts Yop-chagi treten und in Richtung „R“ absetzen.
b) Rechts Ap-gubi.
c) Links Palkup-olyo-chiki.

16.

a) Links Ap-chagi treten, am Standfuß absetzen. Sich rechtsherum drehen und rechts Yop-chagi treten; in Richtung „R“ absetzen. Beides als Folgetritte in Richtung „R“ ausführen.
b) Rechts Dwit-gubi in Richtung „L“.
c) Links Sonnal-momdong-makki.

16

17

17

18

19

20

21

22

23

24

25

25

17.
a) Unverändert.
b) Unverändert.
c) Links Sonnal-arae-makki (zuvor Hände über den Kopf heben und eine Kreisbewegung ausführen).

18.
a) Die Zehen des linken Fußes einwärts drehen. Dabei beide Hände in einer Kreisbewegung in Richtung rechte Schulter bewegen.
b) Chuchum-sogi.
c) Links Goduro-olgul-makki.

19.
a) Den linken Fuß hochziehen und damit aufstampfen. Mit dem rechten Arm eine Greifbewegung nach vorn machen und ihn zum Körper heranziehen.
b) Chuchum-sogi.
c) Links Dang-gi-go-tok-chiki mit „Kihap".

20.
a) Unverändert.
b) Unverändert.
c) Rechts Dang-gi-go-tok-chiki (dabei mit dem linken Arm eine Greifbewegung nach vorn machen und ihn heranziehen).
Die Bewegungen 19. und 20. in schneller Aufeinanderfolge ausführen.

21.
a) Der rechte Fuß überkreuzt vorn den linken.
b) Ap-koa-sogi.
c) Monge-chiki (Blickrichtung „L").

22.
a) Den linken Fuß in Richtung „L" setzen.
b) Chuchum-sogi.
c) Hechyo-santul-makki.

23.
a) Den linken Fuß hochziehen.
b) Rechts Hakdari-sogi.
c) Kumgang-makki.

24.
a) Unverändert.
b) Unverändert.
c) Jagun-dolchogi.

25.
a) Links Yop-chagi treten und in Richtung „L" absetzen.
b) Links Ap-gubi.
c) Rechts Palkup-pyojok-chiki.

Guman
a) Den linken Fuß zum rechten heranziehen, dabei rechtsherum in Richtung „V" drehen.
b) Moa-sogi.
c) Gyopson-junbi.

Sipjin

450

Das dezimale System ist der ständige numerische Wert von Einhundert, Eintausend, einer Million, einer Billion usw. 10 ist die Symbolfigur für endlose Entwicklung und Wachstum. Das Wachstum aber ist nur bei einer systematischen und geregelten Ordnung wirkungsvoll. Die Eigenart der Poomse Sipjin liegt in höchstem Abwechslungsreichtum und der geordneten Disziplin des dezimalen Systems.

Das Diagramm dieser Form ist das chinesische Zeichen für 10.

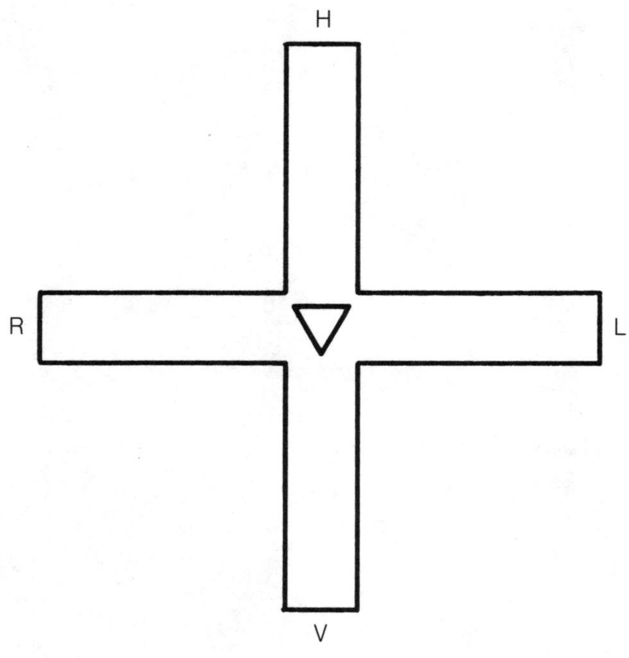
H
R
L
V

1 2 3 3 4

4 5 6 7 8

9 9 10 10 11

Junbi

a) Mit dem Gesicht in Richtung „V" stehen, den linken Fuß zur Seite stellen.
b) Pyonhi-sogi.
c) Gibon-junbi.

1.

a) Unverändert.
b) Unverändert.
c) Santul-makki folgt auf Hwangso-makki, bei dem die Arme mit großer Kraft gleichzeitig hochgerissen werden.

2.

a) Der linke Fuß gleitet nach „L".
b) Rechts Dwit-gubi.
c) Links Sonbadak-goduro-momdong-makki.

3.

a) Der linke Fuß gleitet langsam vor. Dabei streckt und dreht sich der linke Arm und die Faust öffnet sich.
b) Links Ap-gubi.
c) Rechts Pyonsonkut-momdong-opo-chirugi.

4.

a) Unverändert.
b) Unverändert.
c) Momdong-dubon-jirugi.

5.

a) Rechts in Richtung „L" vorgehen.
b) Chuchum-sogi.
c) Hechyo-santul-makki mit Blickrichtung nach „L".

6.

a) Mit dem linken Fuß den rechten vorn überkreuzen und den rechten Fuß anschließend in Richtung „L" absetzen.
b) Chuchum-sogi.
c) Rechts Jumok-yop-jirugi mit „Kihap".

7.

a) Den Körper um 180 Grad linksherum drehen, dabei den rechten Fuß in Richtung „R" setzen.
b) Chuchum-sogi.
c) Monge-chiki.

8.

a) Den rechten Fuß in Richtung „R" setzen, nachdem der linke ihn zuerst überkreuzt hat.
b) Links Dwit-gubi.
c) Sonbadak-goduro-makki.

9.

a) Rechts langsam nach „R" vorgleiten. Gleichzeitig den rechten Arm strekken und drehen und die Faust öffnen.
b) Rechts Ap-gubi.
c) Links Pyonsonkut-momdong-opo-chirugi.

10.

a) Unverändert.
b) Unverändert.
c) Momdong-dubon-jirugi.

11.

a) Den linken Fuß nach „R" setzen.
b) Chuchum-sogi.
c) Santul-makki mit Blick nach „R".

12 13 (14) (15) (15) (16) (16)

(17) (18) 19 20 21 22 23 24 24

25 25 26 26 (27) (28) (29) (30) (31)

12.
a) Mit dem rechten Fuß den linken überkreuzen und dann links in Richtung „R“ gehen.
b) Chuchum-sogi.
c) Links Jumok-momdong-yop-jirugi mit „Kihap“.

13.
a) Den Körper um 180 Grad rechtsherum drehen, dabei den linken Fuß in Richtung „L“ setzen.
b) Chuchum-sogi.
c) Monge-chiki mit Blick nach „L“.

14.
a) Auf dem linken Fuß rechtsherum drehen und den linken Fuß in Richtung „H“ setzen.
b) Links Dwit-gubi.
c) Sonbadak-goduro-momdong-makki.

15.
a) Rechts langsam vorgleiten, dabei rechte Faust öffnen und den Arm strecken und drehen.
b) Rechts Ap-gubi.
c) Links Pyonsonkut-opo-chirugi.

16.
a) Unverändert.
b) Unverändert.
c) Momdong-dubon-jirugi.

17.
a) Links in Richtung „H“ vorgehen.
b) Rechts Dwit-gubi.
c) Sonnal-arae-makki.

18.
a) Rechts in Richtung „H“ vorgehen.
b) Rechts Ap-gubi.
c) Bawi-milgi.

19.
a) Den rechten Fuß auf die Linie „V-H“ setzen (Blickrichtung „R“).
b) Chuchum-sogi.
c) Sonnal-dung-momdong-hechyo-makki.

20.
a) Unverändert.
b) Unverändert.
c) Sonnal-arae-hechyo-makki.

21.
a) Knie langsam durchstrecken und die Fäuste fest ballen.
b) Pyonhi-sogi bei gleichem Fußabstand.
c) Arae-hechyo-makki.

22.
a) Links in Richtung „V“ vorgehen.
b) Links Ap-gubi.
c) Links Duro-olligi.

23.
a) Unverändert.
b) Unverändert.
c) Bawi-milgi.

24.
a) Rechts Ap-chagi treten; zuvor beide Fäuste an die linke Hüfte bringen. Fuß in Richtung „V“ absetzen.
b) Rechts Ap-gubi.
c) Chettari-jirugi.

25.
a) Links Ap-chagi treten und in Richtung „V“ absetzen (beide Fäuste an der rechten Hüfte).
b) Links Ap-gubi.
c) Chettari-jirugi.

26.
a) Beide Fäuste an die linke Hüfte bringen und rechts Ap-chagi treten. Dann rechts einen Schritt in Richtung „V“ vorspringen.
b) Rechts Dwit-koa-sogi.
c) Rechts Dung-jumok-goduro-ape-chiki.

27.
a) Auf dem rechten Fuß linksherum drehen und den linken Fuß in Richtung „H“ setzen.
b) Links Ap-gubi.
c) Bawi-milgi.

28.
a) Den linken Fuß etwas zurückziehen.
b) Links Bom-sogi.
c) Sonnal-otgoro-arae-makki.

29.
a) Rechts in Richtung „H“ vorgehen.
b) Links Dwit-gubi.
c) Sonnal-dung-makki.

30.
a) Links in Richtung „H“ vorgehen.
b) Rechts Dwit-gubi.
c) Chettari-jirugi.

31.
a) Rechts vorwärtsgehen.
b) Links Dwit-gubi.
c) Chettari-jirugi.

Guman
a) Auf dem rechten Fuß linksherum drehen, bis das Gesicht in Richtung „V“ weist.
b) Pyonhi-sogi.
c) Gibon-junbi.

Jitae

451

Gemäß dem fernöstlichen Glauben kommt alles Leben aus der Erde hervor und kehrt wieder in sie zurück. Die Erde ist Beginn und Ende des Lebens. Lebewesen und Naturphänomene verändern und formen sie fortdauernd. Poomse Jitae vereinigt diese Eigenschaften der Erde in ihrer Bewegung.

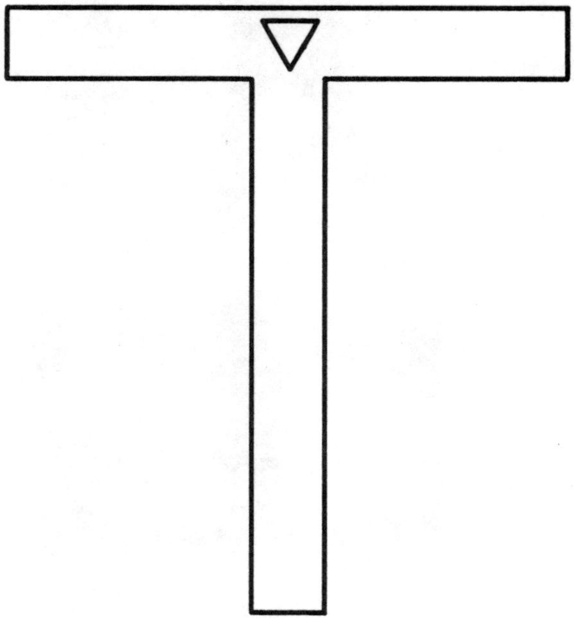
H
R
L
V

1 2 2 3

4 4 5 6 7 7

8 9 9 10 11 12 12 13

Junbi

a) Mit dem Gesicht in Richtung „V“ stehen, den linken Fuß zur Seite stellen.
b) Pyonhi-sogi.
c) Gibon-junbi.

1.

a) Den linken Fuß in Richtung „L“ setzen.
b) Rechts Dwit-gubi.
c) Links Pakkat-palmok-yop-makki.

2.

a) Rechts in Richtung „L“ vorgehen.
b) Rechts Ap-gubi.
c) Olgul-makki, dann Paro-jirugi kraftvoll, aber langsam ausführen.

3.

a) Auf dem linken Fuß rechtsherum wenden und den rechten Fuß in Richtung „R“ setzen.
b) Links Dwit-gubi.
c) Pakkat-palmok-momdong-yop-makki.

4.

a) Links in Richtung „R“ vorgehen.
b) Links Ap-gubi.
c) Olgul-makki, dann Paro-jirugi kraftvoll, aber langsam ausführen.

5.

a) Auf dem rechten Fuß nach links drehen und den linken Fuß in Richtung „V“ setzen.
b) Links Ap-gubi.
c) Arae-makki.

6.

a) Den linken Fuß etwas zurückziehen.
b) Rechts Dwit-gubi.
c) Hansonnal-olgul-makki.

7.

a) Rechts Ap-chagi treten und in Richtung „V“ absetzen.
b) Links Dwit-gubi.
c) Sonnal-arae-makki.

8.

a) Unverändert.
b) Unverändert.
c) Pakkat-palmok-pakkat-makki (langsam).

9.

a) Links Ap-chagi treten und in Richtung „V“ absetzen.
b) Rechts Dwit-gubi.
c) Sonnal-arae-makki.

10.

a) Links etwas vorgleiten.
b) Links Ap-gubi.
c) Olgul-makki (langsam).

11.

a) Rechts in Richtung „V“ vorgehen.
b) Rechts Ap-gubi.
c) Kumgang-jirugi.

12.

a) Unverändert.
b) Unverändert.
c) Erst links, dann rechts Momdong-an-makki.

13.

a) Rechts zurückgehen.
b) Rechts Dwit-gubi.
c) Links Hansonnal-makki in Richtung „V“.

14

14

14

15

16

17

18

19

20

21

(21)

(22)

(23)

(23)

(24)

25

26

27

28

14.
a) Rechts Ap-chagi treten und wieder zurücksetzen.
b) Links Ap-gubi.
c) Rechts-links Momdong-dubon-jirugi.

15.
a) Links zurückgehen.
b) Chuchum-sogi.
c) Hwangso-makki (Blick nach „V").

16.
a) Unverändert.
b) Unverändert.
c) Links Arae-yop-makki (Blickrichtung nach „H" wechseln).

17.
a) Unverändert.
b) Unverändert.
c) Rechts Hansonnal-momdong-pakkat-makki (Blickrichtung „V").

18.
a) Unverändert.
b) Unverändert.
c) Links Me-jumok-pyojok-chiki in Richtung „V" mit „Kihap".

19.
a) Den rechten Fuß hochziehen.
b) Links Hakdari-sogi.
c) Rechts Arae-yop-makki.

20.
a) Unverändert.
b) Unverändert.
c) Jagun-Dolchogi.

21.
a) Rechts Yop-chagi treten, dann mit einem leichten Sprung auf dem rechten Fuß zum Stehen kommen und linken Fuß hochziehen.
b) Rechts Hakdari-sogi.
c) Links Arae-yop-makki in Richtung „H" ausführen.

22.
a) Unverändert.
b) Unverändert.
c) Jagun-dolchogi.

23.
a) Links Yop-chagi treten und in Richtung „H" absetzen.
b) Links Ap-gubi.
c) Momdong-paro-jirugi.

24.
a) Rechts in Richtung „H" vorgehen.
b) Rechts Ap-gubi.
c) Momdong-pandae-jirugi mit „Kihap".

25.
a) Auf dem rechten Fuß linksherum drehen und den linken Fuß in Richtung „L" setzen.
b) Rechts Dwit-gubi.
c) Sonnal-arae-makki.

26.
a) Rechts in Richtung „L" vorgehen.
b) Links Dwit-gubi.
c) Sonnal-momdong-makki.

27.
a) Auf dem linken Fuß rechtsherum wenden und den rechten Fuß in Richtung „R" setzen.
b) Links Dwit-gubi.
c) Sonnal-arae-makki.

28.
a) Links in Richtung „R" vorgehen.
b) Rechts Dwit-gubi.
c) Sonnal-momdong-makki.

Guman
a) Auf dem rechten Fuß linksherum drehen und den linken Fuß in Richtung „L" setzen, so daß der Blick in Richtung „V" fällt.
b) Pyonhi-sogi.
c) Gibon-junbi.

Chonkwon

452

In der alten Zeit wurde der Himmel als Herrscher über das Universum und die Menschen verehrt. Mehr noch, man dachte, der Himmel habe die Natur geschaffen.

Poomse Chonkwon ist durchdrungen von Bewegungen, die voll Frömmigkeit und Vitalität sind, wie ein Mensch, der in den Himmel blickt, oder wie ein in den Himmel aufsteigender Adler.

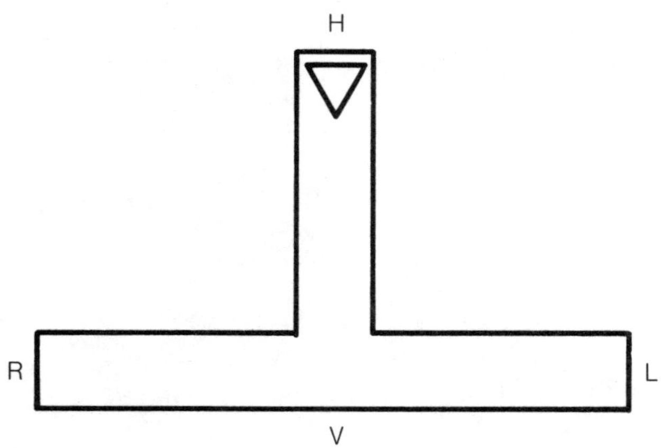
H
R
L
V

Junbi
a) Die Füße sind geschlossen, der Blick nach „V“ gerichtet.
b) Moa-sogi.
c) Gyopson-junbi.

1.
a) Unverändert.
b) Unverändert.
c) Beide Hände in Brusthöhe heben (Handflächen nach oben, Fingerspitzen berühren sich) und einatmen.

2.
a) Unverändert.
b) Unverändert.
c) Nalge-pyogi (die Arme nach den Seiten spreizen, wie ein Vogel seine Flügel spreizt; dabei Brust vorstrekken und Schultern zurückziehen; Fingerspitzen sind nach oben gerichtet, Handflächen nach außen), dann ausatmen.

3.
a) Hände senken, vorn kreuzen und mit ihnen einen Kreis ausführen. Den linken Fuß stampfend zurücksetzen und mit beiden Fäusten Bam-jumok-jirugi ausführen (schnelle Bewegungsfolge ist hier erforderlich).
b) Links Dwit-gubi
c) Sosum-chiki (aufwärts).

4.
a) Auf den Ballen beider Füße den Körper nach rechts drehen.
b) Rechts Ap-gubi in Richtung „R“.
c) Links Hansonnal-jebipum-momdong-pakkat-makki in Richtung „V“.

5.
a) Die linke Hand zur Hüfte ziehen und den linken Fuß in Richtung „V“ setzen (langsam).
b) Links Ap-gubi.
c) Rechts Momdong-paro-jirugi.

6.
a) Auf den Ballen beider Füße den Körper nach links drehen; dabei das Gewicht hauptsächlich auf den linken Fuß verlagern und den rechten ein bißchen nachziehen. In Richtung „V“ blicken.
b) Links Ap-gubi in Richtung „L“.
c) Rechts Hansonnal-jebipum-momdong-pakkat-makki in Richtung „V“.

7.
a) Die rechte Hand zur Hüfte ziehen und den rechten Fuß in Richtung „V“ setzen (langsam).
b) Rechts Ap-gubi.
c) Links Momdong-paro-jirugi.

8.
a) Auf dem rechten Fuß den Körper nach rechts drehen, dabei den linken Fuß nachziehen; in Richtung „V“ blicken.
b) Rechts Ap-sogi in Richtung „R“.
c) Links Hansonnal-jebipum-momdong-pakkat-makki in Richtung „V“.

9.
a) Die linke Hand schließen und zur Brust ziehen. Links Yop-chagi mit „Kihap“ treten und absetzen, beides in Richtung „V“.
b) Links Ap-gubi.
c) Links Arae-makki.

10.
a) Rechts in Richtung „V“ vorgehen.
b) Rechts Ap-gubi.
c) Rechts Momdong-pandae-jirugi.

11.
a) Auf dem rechten Fuß linksherum drehen und den linken Fuß in Richtung „R“ setzen.
b) Rechts Dwit-gubi.
c) Links An-palmok-goduro-momdong-pakkat-makki.

12.
a) Unverändert.
b) Unverändert.
c) Den Angriff abschütteln (linken Arm hin und her schwenken) und links jumok-yop-jirugi ausführen.

13.
a) Rechts in Richtung „R“ vorgehen; gleichzeitig mit dem linken Arm (bei offener Hand) Pakkat-palmok-olgul-pakkat-makki in Richtung „R“ ausführen, dann Arm an die linke Hüfte ziehen.
b) Links Dwit-gubi.
c) Rechts Jumok-yop-jirugi.

14.
a) Auf dem linken Fuß rechtsherum wenden und den rechten Fuß in Richtung „L“ setzen.
b) Links Dwit-gubi.
c) Rechts An-palmok-goduro-momdong-pakkat-makki.

15.
a) Unverändert.
b) Unverändert.
c) Den rechten Arm schwenken, dann rechts jumok-yop-jirugi.

16.
a) Links in Richtung „L" vorgehen, gleichzeitig mit dem rechten Arm (bei offener Hand) Pakkat-palmok-olgul-pakkat-makki in Richtung „L" ausführen; dann die Hand zur rechten Hüfte ziehen.
b) Rechts Dwit-gubi.
c) Links jumok-yop-jirugi.

17.
a) Auf dem rechten Fuß nach links drehen und den linken Fuß in Richtung „H" setzen.
b) Links Ap-gubi.
c) Rechts An-palmok-jebipum-momdong-pakkat-makki.

18.
a) Unverändert.
b) Unverändert.
c) Links Momdong-pandae-jirugi.

19.
a) Rechts Ap-chagi treten und in Richtung „H" absetzen.
b) Rechts Ap-gubi.
c) Rechts Momdong-pandae-jirugi.

20.
a) Den rechten Fuß etwas anziehen.
b) Links Dwit-gubi.
c) Sonnal-arae-makki.

21.
a) Gleitschritt in Richtung „H" mit An-palmok-momdong-pakkat-makki rechts; nochmals Gleitschritt mit Sonnal-goduro-arae-makki rechts (beide Male liegt die linke Handfläche am rechten Handgelenk).
b) Links Dwit-gubi.
c) Sonnal-arae-makki.

22.
a) Den rechten Fuß nach innen drehen.
b) Chuchum-sogi auf der „V-H"-Linie.
c) Kumgang-yop-jirugi (links Olgul-makki, rechts Yop-jirugi, Blick nach „H").

23.
a) Mit dem rechten Fuß aufstampfen; dann linksherum eine 360-Grad-Drehung im Sprung ausführen, dabei in Richtung „H" rechts Pyojok-chagi treten. Mit dem rechten Fuß in Richtung „H" landen.
b) Chuchum-sogi.
c) Kumgang-yop-jirugi (links Olgul-makki, rechts Yop-jirugi, Blick nach „H").

24.
a) Den linken Fuß nach außen drehen.
b) Rechts Dwit-gubi.
c) Sonnal-oesantul-makki (Hände vor dem Körper kreuzen, dann langsam linke Handkante nach unten und rechte, umgekehrte Handkante nach oben führen), Blick in Richtung „V".

25.
a) Den linken Fuß nach innen und den rechten nach außen drehen.
b) Links Dwit-gubi.
c) Sonnal-oesantul-makki (wie in 24., nur seitenverkehrt!).

26.
a) Auf dem rechten Fuß linksherum drehen und den linken Fuß zu Moa-sogi in Richtung „V" heranziehen. Beide Hände vor dem Körper kreuzen, dann seitlich gegeneinander Halbkreise führen, bis die Fingerspitzen sich über dem Kopf befinden. Rechts langsam vorgehen.
b) Rechts Bom-sogi.
c) Taesan-milgi (rechts Batangson nach unten vorne schieben, links Batangson nach oben vorne schieben).

27.
a) Den rechten Fuß zu Moa-sogi zurückziehen, dann Wiederholung der Handbewegungen aus 26. a); links langsam vorgehen.
b) Links Bom-sogi.
c) Taesan-milgi (links Batangson nach unten vorne schieben, rechts Batangson nach oben vorne schieben).

Guman
a) Den linken Fuß zum rechten ziehen.
b) Moa-sogi.
c) Gyopson-junbi.

453

Wasser wird als der Ursprung des Lebens angesehen. Wasser bildet Seen und Flüsse, angefangen mit einem einzelnen Tropfen. Es ist still, aber auch wild und paßt sich jeder beliebigen Form an. Diese Eigenschaften des Wassers, ebenso die Flüssigkeit und Anpassungsfähigkeit sind auch typisch für die Bewegungen des Taekwondo.

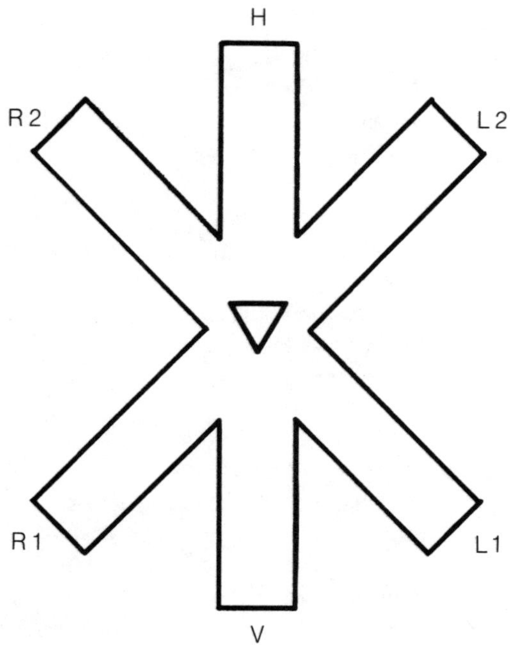
H
R2
L2
R1
L1
V

Junbi

a) Die Füße stehen geschlossen in Richtung „V".
b) Moa-sogi.
c) Gyopson-junbi.

1.

a) Links vorgehen.
b) Links Ap-gubi.
c) Sonnal-dung-momdong-hechyo-makki.

2.

a) Rechts vorgehen.
b) Rechts Ap-gubi.
c) Dujumok-jochyo-jirugi.

3.

a) Rechts in Richtung „H" zurückgehen und das Gewicht auf den rechten Fuß verlagern.
b) Rechts Ap-gubi in Richtung „H".
c) Oesantul-makki mit dem Gesicht nach „V" (rechter Arm An-palmok-olgul-makki, linker Arae-makki).

4.

a) Den Körper linksherum in Richtung „V" drehen.
b) Links Ap-gubi.
c) Rechts Momdong-paro-jirugi.

5.

a) Links in Richtung „H" zurückgehen und das Gewicht auf den linken Fuß verlagern.
b) Links Ap-gubi in Richtung „H".
c) Oesantul-makki (links An-palmok-olgul-pakkat-makki, rechts Arae-makki), Blick nach „V".

6.

a) Den Körper rechtsherum in Richtung „V" drehen.
b) Rechts Ap-gubi.
c) Links Paro-jirugi.

7.

Wiederholung von Nr. 3.

8.

Wiederholung von Nr. 4.

9.

a) Rechts in Richtung „V" vorgehen.
b) Rechts Ap-gubi.
c) Sonnal-dung-momdong-hechyo-makki.

10.

a) Links in Richtung „L1" vorgehen.
b) Links Ap-gubi.
c) Links Kaljaebi (mit linkem Handballen, rechter Handrücken unter linkem Ellenbogen).

11.

a) Rechts in Richtung „L1" einen Schritt vorgehen und das Gewicht auf den rechten Fuß verlagern; den linken Fuß nachziehen und etwas hinter dem rechten auf dem Fußballen aufstellen.
b) Rechts Gyottari-sogi.
c) Dujumok-jochyo-jirugi.

12.

a) Den linken Fuß in Richtung „R2" zurücksetzen.
b) Chuchum-sogi.
c) Rechts Palmok-pyojok-arae-makki, die linke Hand liegt auf dem rechten Unterarm.

13.

a) Auf dem linken Fuß rechtsherum drehen und den rechten Fuß in Richtung „R2" setzen.
b) Rechts Dwit-gubi in Richtung „L1".
c) Sonnal-kumgang-makki (rechts Olgul-, links Arae-makki).

14.

a) Den linken Fuß hochziehen.
b) Rechts Hakdari-sogi.
c) Dolchogi (beide Fäuste an der rechten Hüfte) mit Blick in Richtung „L2".

15.

a) Links Yop-chagi in Richtung „L2" treten und absetzen.
b) Links Ap-gubi.
c) Jebipum-mokchiki (links Sonnal-olgul-makki, rechts Sonnal-an-chiki).

16.
a) Rechts Ap-chagi in Richtung „L2“ treten und einen Schritt nach vorn machen.
b) Rechts Dwit-koa-sogi (links hinten).
c) Rechts Dung-jumok-olgul-apechiki mit „Kihap“ in Richtung „L2“.

17.
a) Den linken Fuß in Richtung „R1“ zurücksetzen.
b) Chuchum-sogi, Blick nach „R1“.
c) Links Sonnal-pakkat-chiki.

18.
a) Rechts Pyojok-chagi treten und in Richtung „R1“ absetzen.
b) Chuchum-sogi.
c) Rechts Palkup-pyojok-chiki (geradeaus sehen).

19.
a) Den linken Fuß zum rechten ziehen, dann rechts in Richtung „R1“ vorgehen.
b) Rechts Ap-gubi.
c) Kaljaebi mit dem rechten Handballen (linker Handrücken unter dem rechten Ellenbogen).

20.
a) Links einen Schritt in Richtung „R1“ gehen und den rechten Fuß nachziehen, bis er auf dem Fußballen etwas hinter dem linken Fuß steht.
b) Links Gyottari-sogi.
c) Dujumok-jochyo-jirugi.

21.
a) Rechts in Richtung „L2“ zurückgehen.
b) Chuchum-sogi.
c) Links Palmok-pyojok-arae-makki (rechte Handfläche auf dem linken Unterarm), Blick nach „R1“.

22.
a) Auf dem rechten Fuß linksherum drehen und den linken Fuß in Richtung „L2“ setzen.
b) Links Dwit-sogi.
c) Sonnal-kumgang-makki (links Olgul-, rechts Arae-makki).

23.
a) Den rechten Fuß hochziehen.
b) Links Hakdari-sogi.
c) Dolchogi (beide Fäuste an der linken Hüfte), Blick nach „R2“.

24.
a) Rechts Yop-chagi in Richtung „R2“ treten und absetzen.
b) Rechts Ap-gubi.
c) Jebipum-mokchiki (rechts Sonnal-olgul-makki, links Sonnal-an-chiki).

25.
a) Links Ap-chagi in Richtung „R2“ treten und mit einem Schritt nach vorn aufstampfen.
b) Links Dwit-koa-sogi (rechter Fuß hinten).
c) Links Dung-jumok-olgul-ape-chiki mit „Kihap“ in Richtung „R2“.

26.
a) Den rechten Fuß in Richtung „L1“ setzen.
b) Chuchum-sogi.
c) Rechts Sonnal-pakkat-chiki.

27.
a) Links Pyojok-chagi treten und in Richtung „L1“ absetzen.
b) Chuchum-sogi.
c) Links Palkup-pyojok-chiki (geradeaus sehen).

Guman
a) Den rechten Fuß zum linken ziehen.
b) Moa-sogi in Richtung „V“.
c) Gyopson-junbi.

Ilyo

454

Im Buddhismus bezeichnet man den Zustand der geistigen Ausbildung, in dem Geist und Körper zu einer Einheit verschmelzen, Ilyo.

Die höchste Aufgabe des Taekwondo ist, diesen Zustand Ilyo zu suchen. Das Endziel, das Taekwondo verfolgt, ist in der Tat eine Disziplin, bei der man mit konzentrierter Aufmerksamkeit bei jeder Bewegung alle weltlichen Gedanken und Dinge abschüttelt.

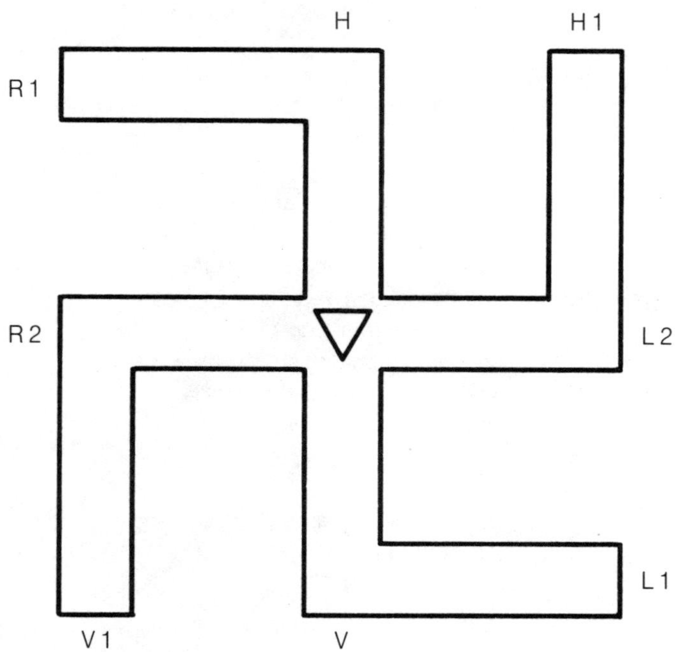
H
H1
R1
R2
L2
L1
V1
V

Junbi

a) Die Füße stehen geschlossen in Richtung „V“.
b) Moa-sogi.
c) Bo-jumok (die linke Hand umschließt die rechte Faust in Kinnhöhe).

1.

a) Links schnell vorgehen.
b) Rechts Dwit-gubi.
c) Sonnal-olgul-makki.

2.

a) Rechts schnell vorgehen.
b) Rechts Ap-gubi.
c) Rechts Momdong-pandae-jirugi.

3.

a) Den linken Fuß in Richtung „L1“ setzen.
b) Rechts Dwit-gubi.
c) Kumgang-makki (links Arae-, rechts Olgul-makki, langsam).

4.

a) Auf dem rechten Fuß linksherum drehen und den linken Fuß schnell in Richtung „H“ setzen.
b) Rechts Dwit-gubi.
c) Sonnal-momdong-makki.

5.

a) Unverändert.
b) Unverändert.
c) Rechts Momdong-paro-jirugi.

6.

a) Mit einem Aufstampfen rechts in Richtung „H“ einen Schritt vorspringen.
b) Rechts Ogum-sogi (linker Fußrist liegt in der Kniekehle des rechten Beines).
c) Links Pyonson-kup-sewo-chirugi mit „Kihap“.

7.

a) Den ganzen Körper anspannen und rechtsherum mit der linken Seite in Richtung „H“ drehen (langsam).
b) Rechts Hakdari-sogi.
c) Links Oesantul-yop-chagi (linken Arm in Trittrichtung strecken, rechts An-palmok-olgul-pakkat-makki in Richtung „V“ ausführen).

8.

a) Den linken Fuß schnell in Richtung „H“ absetzen.
b) Rechts Dwit-gubi.
c) Otgoro-olgul-makki.

9.

a) Die Hände öffnen, drehen und ruckartig anziehen. Den rechten Fuß in Richtung „H“ setzen (langsam aber kraftvoll).
b) Rechts Ap-gubi.
c) Rechts Momdong-pandae-jirugi.

10.

a) Den linken Fuß in Richtung „R1“ setzen.
b) Rechts Dwit-gubi.
c) Kumgang-makki (links Arae-, rechts Olgul-makki), langsam aber kraftvoll.

11.

a) Auf dem rechten Fuß linksherum drehen und den linken Fuß schnell in Richtung „V“ setzen.
b) Rechts Dwit-gubi.
c) Sonnal-momdong-makki.

12.
a) Unverändert.
b) Unverändert.
c) Rechts Momdong-paro-jirugi.

13.
a) Mit dem rechten Fuß in Richtung „V1“ vorspringen und dabei aufstampfen.
b) Rechts Ogum-sogi.
c) Rechts Pyonson-kut-sewo-chirugi mit „Kihap“ (schnell).

14.
a) Unverändert.
b) Rechts Hakdari-sogi.
c) Links Oesantul-yop-chagi in Richtung „L2“.

15.
a) Den linken Fuß schnell in Richtung „L2“ absetzen.
b) Rechts Dwit-gubi.
c) Otgoro-olgul-makki.

16.
a) Fäuste öffnen und drehen, greifen und zum Körper heranziehen. Rechts in Richtung „L2“ vorgehen.
b) Links Ap-gubi.
c) Links Momdong-pandae-jirugi.

17.
a) Den rechten Fuß in Richtung „H1“ setzen.
b) Rechts Dwit-gubi.
c) Kumgang-makki (links Arae-, rechts Olgul-makki) langsam aber kraftvoll ausführen.

18.
a) Den linken Fuß linksherum zum rechten ziehen.
b) Moa-sogi in Richtung „R2“.
c) Du-jumok-hori (beide Fäuste an den Hüften).

19.
a) Links Ap-chagi treten, den Fuß stampfend in Richtung „R2“ aufsetzen und hochspringen. Dabei rechtsherum drehen und links Tyo-yop-chagi treten.
b). Links Dwit-gubi.
c) Otgoro-olgul-makki.

20.
a) Hände öffnen, drehen und an den Körper heranziehen. Links einen Schritt vorgehen (langsam und kraftvoll).
b) Links Ap-gubi in Richtung „R2“.
c) Links Momdong-pandae-jirugi.

21.
a) Auf dem linken Fuß rechtsherum drehen und den rechten Fuß in Richtung „V1“ setzen.
b) Links Dwit-gubi.
c) Kumgang-makki (langsam).

22.
a) Den rechten Fuß zum linken ziehen.
b) Moa-sogi in Richtung „R2“.
c) Du-jumok-hori.

23.
a) Rechts Ap-chagi treten, den Fuß stampfend in Richtung „R2“ aufsetzen und hochspringen. Dabei linksherum drehen und links Tyo-yop-chagi treten.
b) Rechts Dwit-gubi.
c) Otgoro-olgul-makki.

Guman
a) Auf dem rechten Fuß linksherum drehen und den linken Fuß heranziehen.
b) Moa-sogi in Richtung „V“.
c) Bo-jumok.

PRÜFUNGSORDNUNG (POT)

Für Taekwondo-Prüfungen im DJB ist die nachstehende Prüfungsordnung verbindlich.

Zur Graduierung sind technisches Können, sportliche Leistung und theoretisches Wissen nachzuweisen. Darüber hinaus ist das allgemeine persönliche Verhalten des Prüfungsteilnehmers in seinem Verein und in der Öffentlichkeit maßgebend. Berücksichtigt werden das Geschlecht, das Alter und die physische Konstitution.

Die Niederschrift der Prüfungsaufgaben und der einzelnen Übungen erfolgt in der koreanischen Aussprache. Die Erklärungen dazu in der deutschen Sprache. Die koreanischen Schriftzeichen wurden weggelassen, da sie für die Allgemeinheit unverständlich sind.

Die „Hyong" (Pflichtübung) darf bei vorzeitigem Abbruch einmal wiederholt werden.

Allen Prüfungen ab 5. Kup geht eine Überprüfung des Programms bereits verliehener Grade voraus.

Der „Kyek pa" (Schlagkraftübung) wird mit 3 bis 4 cm starken Fichtenholzbrettern in der Größe von 30 x 30 cm demonstriert, wenn keine andere Anordnung erfolgte.

Der „Chayu taeryon" (Freikampf) geht über 2 Minuten. Als Partner ist ein gleicher und ein höher Graduierter zu bestimmen.

Bei der Durchführung der Prüfungen sind nur die vom DJB herausgegebenen Prüfbögen und Prüfbescheinigungen zu verwenden. Der DJB-Paß muß bei der Prüfung vorliegen.

Die in Klammern gesetzten Poomse sind mit den Hyongs gleichberechtigt und können statt ihrer vorgeführt werden. (Anm. des Autors)

9. Kup (weißer Gürtel)

1. Kibon dongjak
   (Grundschule)
   a) Kreuzform Tiefblock
   b) Kreuzform Körperblock
2. Taeryon
   (Partnerübung)
   c) Sambo taeryon — (3-step-sparring) 3 Aktionen ohne Partner

8. Kup (gelber Gürtel)

1. Hyong (Poomse)

a) Chon-ji-hyong (1) — Himmel und Erde
   (Kibon il-chol)
   Grundlagen-Bewegungsform
   („H" Form)

2. Taeryon
   b) Sambo taeryon — 4 Aktionen mit Partner

7. Kup (gelber Gürtel)

1. Hyong (Poomse)	
a) Tan-gun hyong (2) (Taeguk Nr. 1)	(König, 2333 v. Chr.)
2. Taeryon	
b) Sambo taeryon	6 Aktionen

6. Kup (grüner Gürtel)

1. Hyong	
a) To-san hyong (3) (Taeguk Nr. 2)	(Koreanischer Freiheitskämpfer)
2. Taeryon	
b) Sambo taeryon	8 Aktionen

5. Kup (grüner Gürtel)

1. Hyong (Poomse)	
a) won-hyo hyong (4) (Taeguk Nr. 3)	(Lehrer des Buddhismus)
2. Taeryon	
b) Sambo taeryon	10 Aktionen
c) Ibo taeryon	(2-step-sparring) 4 Aktionen

4. Kup (blauer Gürtel)

1. Überprüfung	
a) Programm bis 5. Kup	
2. Hyong (Poomse)	
b) Yul-kok-hyong (5) (Taeguk Nr. 4)	(Philosoph)
3. Taeryon	
c) Ilbo taeryon	7 Aktionen
d) Chayu taeryon	2 Freikämpfe
4. Hosinsul	
e) Gegen Armfassen und Handfassen	Selbstverteidigung
5. Kyek pa	
f) Ap chagi	Fußstoß mit dem Fußballen
6. Mündliche Prüfung	
g) Koreanische Aussprache	Grundtechniken

3. Kup (blauer Gürtel)

1. Überprüfung	
a) Programm bis 4. Kup	
2. Hyong (Poomse)	
b) Chung-gun hyong (6) (Taeguk Nr. 5)	(Gelehrter und Freiheitskämpfer)
3. Taeryon	
c) Ilbo taeryon	10 Aktionen
d) Ilbo taeryon	frei
e) Chayu-taeryon	2 Freikämpfe
4. Hosinsul	
f) Gegen Umklammerungen	Selbstverteidigung
5. Kyok pa	
g) Yop-chagi	Fußstoß seitlich
6. Mündliche Prüfung	
h) Sihap	Wettkampfregeln der WOT

2. Kup (brauner Gürtel)

1. Überprüfung	
a) Programm bis 3. Kup	
2. Hyong (Poomse)	
b) Toi-gye hyong (7) (Taeguk Nr. 6)	(Gelehrter, 16. Jhd.)
3. Taeryon	
c) Ilbo taeryon	10 Aktionen
d) Banchayu-taeryon	halbfreier Kampf 5 Aktionen
e) Chayu taeryon	2 Freikämpfe
4. Hosinsul	
f) Gegen Würgeangriffe	Selbstverteidigung

5. Kyok pa
   g) Dolyo-chagi — Halbkreisfußstoß
   h) Sonnal-chiki — Handkantenschlag
6. Mündliche Prüfung
   i) Koreanische Kommandosprache — mit deutscher Übersetzung

1. Kup (brauner Gürtel)

1. Überprüfung
   a) Programm bis 2. Kup
2. Hyong (Poomse)
   b) Hwa-rang hyong (8) (Taeguk Nr. 7) — Jugendvereinigung
3. Taeryon
   c) Ilbo taeryon — 10 Aktionen
   d) Ban-jayu-taeryon — 8 Aktionen
   e) Chayu taeryon — 2 Freikämpfe
4. Hosinsul
   f) Gegen bewaffnete Angriffe (Stock und Messer) — Selbstverteidigung
5. Kyok pa
   g) Momdolyo-chagi — Fersendrehschlag
   h) Chumok-jirugi — gerader Fauststoß
6. Mündliche Prüfung
   l) Frage: Was ist Taekwondo? — Definition und Geschichte
   k) Erläuterung des Selbstverteidigungsparagraphen

Prüfungsordnung für Dan-Grade im Taekwondo

Der allgemeine Teil der DJB-Prüfungsordnung für Kup-Grade sind verbindlich.

1. Dan (schwarzer Gürtel)

1. Überprüfung
   a) Programm 9. bis 1. Kup
2. Erste Hilfe
   b) Verhalten bei Sportverletzungen. Vorlage einer Bescheinigung vom Besuch eines Erste-Hilfe-Kurses
3. Hyong (Poomse)
   c) Chung-mu hyong (9) (Taeguk Nr. 8) — (berühmter General)
4. Taeryon
   d) Banchayu-taeryon — 8 Aktionen
   e) Chayu taeryon — 2 Freikämpfe
5. Hosinsul
   f) Gegen unbewaffnete und bewaffnete Angriffe — Selbstverteidigung 10 Aktionen
6. Kyok pa
   g) Momdolyo-chagi — Fersendrehschlag
   h) Tyo yop chagi — gesprungener Fußstoß seitlich
7. Mündliche Prüfung
   i) Verfahrensordnung (VOT), Wettkampfordnung (WOT) Aufgaben der Sektion, Taekwon-Do im DJB

2. Dan (schwarzer Gürtel)

1. Überprüfung
   a) Kup- u. Dan-Programm
2. Hyong (Poomse)
   b) Kwang-gae hyong (10) — (König in Korea)
   c) Po-un Hyong (11) — (Physiker)
   d) Kae-baek hyong (12) (Koryo) — (General)
3. Taeryon
   e) Banchayu-taeryon — halbfreier Kampf
   f) Chayu taeryon — 2 Freikämpfe
4. Hosinsul
   g) Gegen unbewaffnete und bewaffnete Angriffe — Selbstverteidigung
5. Kyok pa
   h) Yonsok-Kyokpa — Reihenbruchtest
   links Dolyo-chagi, rechts Momdolyo-chagi. Tyo-nopi-chagi (oder nach Anweisung der Prüfer) Chumok-chirugi
6. Lehrbefähigung
   i) Gymnastik und Training (nach Anweisung der Prüfer)
7. Mündliche Prüfung
   k) Sportordnung Taekwondo

3. Dan (schwarzer Gürtel)

1. Überprüfung
   a) Kup- und Dan-Programm
2. Theorie
   b) Zulassungsarbeit: Geschichte und Wesen des Taekwondo und seine Praktizierung im DJB
3. mündlich
   c) Sportordnung Taekwondo
4. Hyong (Poomse)
   d) Yu-sin hyon (13) — (General Kim Yu-Sin)
   e) Chung-jang hyong (14) — (berühmter General)
   f) Ul-ji hyong (15) (Kumgang) — (General)
5. Taeryon
   g) Panjayu taeryon — halbfreier Kampf
   h) Chayu taeryon — 1. Freikampf
   1 Freikampf gegen zwei Gegner
6. Hosinsul
   i) gegen unbewaffnete und bewaffnete Angreifer — Selbstverteidigung
7. Kyek pa
   k) Ttimyo yop chagi über Hindernisse
   l) Ttimyo apchagi 2 m Höhe
   m) Yok sudo ttaerigi in Kombination mit:
   n) Sodo ttaerigi
   o) Eine Ausführung nach freier Wahl

4. Dan (schwarzer Gürtel)

1. Überprüfung
   a) Dan-Programm
2. Theorie
   b) Zulassungsarbeit über eine Disziplin des Taekwondo wahlweise: Hyong-chayu taeryon oder Kyek pa
   c) Sportordnung Taekwondo
3. Lehrbefähigung
   d) Trainingsaufbau
4. Überprüfung
   e) Dan-Programm
5. Hyong (Poomse)
   f) Sam-il hyong (16) — (Unabhängigkeitstag Koreas)
   g) Choi-Yong hyong (17) — (General und Kanzler Koreas)
   h) Ko-dang hyong (18) (Taebaek) (Pyongwon) — (Patriot Koreas)

6. Taeryon
   i) Chayu taeryon — Freikampf-Kombinationen
7. Kyok pa
   k) Bruchtest in eine Hyong (Poomse) eingebaut
   l) Spezialbruchtest nach eigener Wahl
8. Hosinsul
   m) Messerkampf — Selbstverteidigung
   n) Gegen mehrere Angreifer
9. KR-Lizenz
   o) Der Anwärter muß Inhaber einer gültigen Kampfrichter-Lizenz sein.
10. Sonstiges
   p) Der Anwärter muß sich nachweisbar für den Sport und die Sektion Taekwondo eingesetzt haben.

5. Dan (schwarzer Gürtel)

1. Theorie
   a) Schriftliche Zulassungsarbeit über eine Disziplin des Taekwondo
2. Lehrbefähigung
   b) Nachweis der Lehrtätigkeit in Verein oder Schule
3. Hyong (Poomse)
   c) Frei ab Nr. 19 (Se-yong hyong), Mindestzahl zwei (Sipjin) (Jitae)
4. Taeryon
   d) Kampfkombinationstechniken frei
5. Hosinsul
   e) Überzeugende Darstellung von Selbstverteidigungstechnik gegen bewaffnete und unbewaffnete Gegner. Verteidigung gegen Messerangriffe.
6. Sonstiges
   f) Der Anwärter muß sich aktiv für die nationalen Aufgaben eines Taekwondo-Dans eingesetzt haben.
7. Kyok pa
   g) Spezialbruchtestvariationen nach eigener Wahl

Prüfungsbestimmungen der WTF (z. Zt. ausgeübt in Korea)

1. Dan, Mindestalter 15 Jahre
1. Poom, unter 15 Jahre alt

Trainingsdauer: 1½ Jahre
Fertigkeiten:
A. Poomse: Taeguk 1–8
B. Kampf: 30 Sekunden (1. Poom: 1 Minute)

2. Dan, Mindestalter 16½ Jahre
2. Poom, unter 15 Jahre alt
Trainingsdauer: 1½ Jahre
Fertigkeiten:
A. Poomse: Koryo
B. Kampf: 30 Sekunden

3. Dan, Mindestalter 19 Jahre
3. Poom, unter 15 Jahre alt
Trainingsdauer: 2½ Jahre (3. Poom: 2 Jahre)
Fertigkeiten:
A. Poomse: Kumgang
B. Kampf: 30 Sekunden

4. Dan, Mindestalter 23 Jahre
Trainingsdauer: 4 Jahre
Fertigkeiten:
A. Poomse: Taebaek und Pyongwon
B. Kampf: 2 Minuten
C. Schriftliche Arbeit
D. Nach Verlangen der Prüfer

5. Dan, Mindestalter 28 Jahre
Trainingsdauer: 5 Jahre
Fertigkeiten:
A. Poomse: Sipjin und Jitae
B. Kampf: 2 Runden

C. Schriftliche Arbeit nach Themastellung
D. Vorführen persönlicher, spezieller Fähigkeiten

6. Dan, Mindestalter 34 Jahre
Trainingsdauer: 6 Jahre
Fertigkeiten:
A. Poomse: Chonkwon und Hansu
B. Kampf: 2 Runden
C. Schriftliche Arbeit nach Themastellung
D. Persönliche Fähigkeiten

7. Dan, Mindestalter 42 Jahre
Trainingsdauer: 8 Jahre
Fähigkeiten:
A. Poomse: Ilyo
B. Kampf: 2 Runden
C. Schriftliche Arbeit nach Themastellung
D. Persönliche Fähigkeiten

Bei allen Prüfungen wird nach Verlangen der Prüfer die Schlagkraft der Hände und Füße mittels Bruchtest an Holz oder Steinen geprüft.
Die Prüfungskommission kann auch mündlich die Kenntnisse der Prüflinge testen.

Auszug aus den koreanischen Prüfungsrichtlinien

Prüfung der Fähigkeiten

A. Nach den Regeln sollen sechs Mitglieder als Prüfungsausschuß die Prüfung abnehmen. Jedoch kann die Zahl nach oben oder unten verändert werden, wenn die Umstände dies erfordern.
B. Im allgemeinen werden praktische Tests verlangt.
C. Ein kurzer Überblick über diese Prüfungen:
   1. Bewerber bis einschließlich zum 3. Dan oder Poom werden in den Poomse und im Freikampf geprüft.
   2. Bewerber für den 4. Dan werden in den Poomse, im Freikampf und in einem schriftlichen Test geprüft.
   3. Bewerber für den 5. Dan oder höhere Grade werden nicht nur in den Poomse und im Freikampf getestet, sondern sie müssen auch ihre Fähigkeiten in einer schriftlichen Arbeit nachweisen, deren Thema vom Prüfungsausschuß gestellt wird.
   4. Bewerber für den 4. Dan müssen ihre Fertigkeit auf einem geforderten Gebiet unter Beweis stellen.
E. Kleidung: Der Prüfling hat den weißen Taekwondo-Anzug zu tragen, wie er vom Welt-Taekwondo-Verband vorgeschrieben ist. Es ist untersagt, irgendwelche weiteren Kennzeichen, Namen etc., darauf anzubringen.

Hauptgesichtspunkte der Einstufung

Jedes Mitglied der Prüfungskommission erteilt Zensuren nach den folgenden Gesichtspunkten und bewertet Poomse und Kampf mit Punkten.

A. Poomse (Praxis)
   1. Geist (Leitlinien der Poomse, Blick des Prüflings, geistige Konzentration)
   2. Körperhaltung (Schwerpunkt und Genauigkeit der Bewegungen)
   3. Stärke und Schwäche des Kräfteeinsatzes (Langsamkeit, Schnelligkeit und Atmung)

B. Kampf (Praxis)
   1. Geist (Blick des Prüflings, Entfernung, geistige Konzentration)
   2. Bewegung (Genauigkeit in Angriff und Abwehr)
   3. Gewandtheit (Spezielle Begabungen)

C. Spezielle Fertigkeiten (Praxis)
   1. Schlagkraft
   a) Fähigkeiten der Hand
   b) Fähigkeiten des Fußes

D. Kenntnisse
   1. Schriftliche Prüfung
   2. Mündliche Prüfung

Benötigte Zeitdauer für das Erreichen höherer Grade und altersmäßige Voraussetzungen

A. Ein Schüler, der den 1. Poom erreicht hat, kann sich um den 1. Dan erst nach Vollendung des 15. Lebensjahres bewerben. In diesem Falle muß er eine Prüfung beantragen, die Gebühren bezahlen und wird dann neu geprüft.

B. Ein Schüler, der den 2. Poom erreicht hat, kann sich um den 2. Dan erst nach Vollendung des 15. Lebensjahres bewerben. In diesem Falle muß er eine Prüfung beantragen, die Gebühren zahlen und wird dann neu geprüft.

C. Ein Schüler, der den 3. Poom erreicht hat, kann sich um den 3. Dan erst nach Vollendung des 19. Lebensjahres bewerben. In diesem Falle muß er eine Prüfung beantragen, die Gebühren bezahlen und wird dann neu geprüft.

D. Ein Schüler kann sich erst nach Vollendung des 23. Lebensjahres zur Prüfung für den 4. Dan melden.

Abschluß der Prüfungen

Wenn die Prüfungen abgeschlossen sind, werden die Resultate bekanntgegeben. Nach Bestätigung durch den Vorsitzenden des betreffenden Verbandes werden die Zertifikate über den Poom oder Dan für die erfolgreichen Prüflinge ohne Verzögerung ausgestellt.

Besondere Auszeichnungen

Der Ausschuß kann einen Ehren-Dan an solche Personen verleihen, die einen hervorragenden Beitrag für die Weiterentwicklung des Taekwondo geleistet haben. Der verliehene Grad wird nach der Bedeutung der Leistung bemessen.

Schlußvorschriften

Die obigen Vorschriften und Regeln treten mit ihrer Verkündung in Kraft.
Alle Dan- oder Poom-Zertifikate werden vom Präsidenten des Kukkiwon (Welt-Taekwondo-Center) ausgestellt. Alle Dan- oder Poom-Zertifikate, die von einer Trainingsstätte oder Schule ausgestellt werden, die nicht dem Welt-Taekwondo-Verband angeschlossen ist, sind ungültig.

AUSZUG AUS DER WETTKAMPFORDNUNG (WOT)

Bewertung

Trefferbewertung

a) Handtechnik zum Rumpf 1 Punkt
b) Fußtechnik zum Rumpf 1 Punkt
c) Fußtechnik zum Kopf 1 Punkt

Eine Handtechnik, die in schneller Folge auf dieselbe Weise ausgeführt wird, zählt ebenfalls nur 1 Punkt.

Trefferpunkte

Treffer können in Sang-dan nur mit dem Fuß am Gesicht, den Schläfen und Hals erzielt werden. In Chung-dan können Treffer nur am Solarplexus, den kurzen Rippen, dem Magen und dem Bauch erzielt werden.

Voraussetzung für die Bewertung eines Treffers zum Rumpf ist, daß der entscheidende Schlag oder Stoß in korrekter Haltung und Technik auf einen der oben angeführten vitalen Punkte geführt wird und beim Gegner Wirkung zeigt.

Ein Kopftreffer mit dem Fuß wird mit 1 Punkt bewertet.

Ein Treffer kann auch dann gegeben werden, wenn der Gegner nicht an einem vitalen Punkt getroffen wird, aber infolge eines korrekten Angriffs stürzt.

Wird der Gegner vom Angreifer während des Angriffs festgehalten, oder stürzt er durch seinen Angriff selbst, so kann kein Treffer gegeben werden.

Positionen und Techniken, mit welchen Trefferpunkte erzielt werden können:

1. Stellungen

Chuchum-sogi, Ap-sogi, Ap-gubi, Dwit-gubi, Bom-sogi, Ap-chuchum-sogi

2. Handtechniken

Sonnal-chiki, Songut-chirugi

3. Fausttechniken

Paro-jirugi, Pandae-jirugi, Chi-chiki, Dung-jumok-chiki, Me-jumok-chiki, Bam-jumok-jirugi, Pyou-jumok-jirugi

4. Fußtechniken

Ap-chagi, Yop-chagi, Dolyo-chagi, Gul-lo-chagi, Momdolyo-chagi, Tyo-chagi

Verwarnungen

Als Verwarnung wird gewertet

a) Festhalten des Gegners
b) Absichtliches Zukehren des Rükkens
c) Verlassen der Kampffläche, um sich einem Angriff zu entziehen
d) Werfen des Gegners
e) Simulieren von Schmerzen
f) Ausweichen vor dem Kampf durch Entlanglaufen an der Begrenzungslinie
g) Angriff gegen die Genitalien
h) Drücken, Stoßen, Rammen
i) Verlust des Gleichgewichtes aus eigenem Verschulden
j) Faustangriff zum Kopf
k) Kniestoß
l) Unsportliches Benehmen

Die Verwarnung wird durch den Kampfleiter angezeigt. Er deutet dabei auf den Verursacher, zeigt durch die entsprechende Symbolgeste die erkannte Verfehlung und daraufhin durch Ausfallschritt in Richtung des Verursachers und dem Kommando Choihana die Verwarnung an.

Bei jeder Verwarnung erhält der Kämpfer ½ Minuspunkt. Nach 6 Verwarnungen in einem Kampf verliert der Kämpfer durch Punktabzug.

Punktabzug (Minuspunkt)

Folgende Verfehlungen führen zum sofortigen Punktabzug

a) Angriff auf einen zu Fall gekommenen Gegner
b) Angriff nach dem Unterbrechungszeichen
c) Faustangriff zum Kopf mit Verletzung
d) Kopfstoßen
e) Gewaltanwendungen, unerwünschte Äußerungen oder schlechtes (unfaires) Benehmen von seiten des Kämpfers oder seiner Betreuer.

Der Punktabzug wird durch den Kampfleiter angezeigt. Er deutet dabei auf den Verursacher, zeigt durch die entsprechende Symbolgeste die erkannte Verfehlung an und gibt den Punktabzug durch vertikales Strecken des rechten (bzw. linken) Armes mit ausgestrecktem Zeigefinger und dem Kommando Kam chom hana bekannt.

Disqualifikation

a) Nach 3 Minuspunkten während eines Kampfes ist der Kämpfer zu disqualifizieren.
b) Wird erkennbar, daß ein Angreifer seinen Gegner absichtlich verletzen möchte, besonders durch Treffer an Hinterkopf, Nacken, Rücken, Knie oder Genitalien sowie Angriffe mit Ellenbogen, Knie und Finger, so kann eine sofortige Disqualifikation ausgesprochen werden.
c) Wird ein Kämpfer nach einem regelwidrigen Angriff, der zu einem sofortigen Punktabzug führt, so verletzt, daß er nicht mehr weiterkämpfen kann, so ist der Angreifer ebenfalls zu disqualifizieren.

Technischer KO

a) Kann ein Kämpfer aufgrund einer Verletzung innerhalb von 10 sec. den Kampf nicht wieder aufnehmen, so hat das Kampfgericht auf KO zu entscheiden.
b) Der Betreuer kann durch Werfen eines Handtuches auf die Kampffläche ebenfalls anzeigen, daß er auf technischen KO für seinen Kämpfer erkannt haben möchte (Aufgabe).

Auswertung

a) Sieger eines Kampfes ist, wer in allen gekämpften Runden nach Abzug der Minuspunkte mehr Treffer als sein Gegner hat. Die Minuspunkte sind entsprechend der Anzahl der Punktrichter zu vervielfältigen.
b) Bei Disqualifikation werden die Treffer des disqualifizierten Teilnehmers annulliert. Der andere Kämpfer wird mit seinen Treffern zum Sieger erklärt.

Siege

1. Sieg durch Disqualifikation
2. Sieg durch Aufgabe
3. Sieg durch Verletzung
4. Sieg durch K.O.
5. Sieg durch Unterlegenheit
6. Sieg nach Punkten
7. Sieg durch Punktabzug
8. Sieg durch Überlegenheit

Bewertungspunkte

Gewertet wird nach folgendem Punktsystem:

a) für einen gewonnenen Kampf	2 Punkte
b) für einen unentschiedenen Kampf	1 Punkt
c) für einen verlorenen Kampf	0 Punkte

Fehlbewertung

Bei einer völligen Fehlbewertung eines Kampfes durch einen der Kampfrichter kann diese Entscheidung annulliert werden, insbesondere dann, wenn das Kampfergebnis der Kampfrichtermehrheit dadurch verfälscht wurde.
Bei häufiger Wiederholung solcher Fehlentscheidungen durch denselben Kampfrichter kann dieser vom Vorsitzenden ausgetauscht werden.

Kampfzeit

a) Die Kampfzeit beträgt grundsätzlich 3 Runden à 3 Minuten. Sie kann im Hinblick auf die Einhaltung eines Zeitplanes verkürzt werden, darf aber nie weniger als 2 Runden à 3 Minuten betragen. Die Pausen zwischen den Runden betragen je 1 Minute.
b) Nach einem Unentschieden wird die Kampfzeit nach 1 Minute Pause um eine weitere Runde à 2 Minuten verlängert.

Kampffläche

Die Kampffläche ist ein Quadrat von 8 x 8 m.
Sie beinhaltet die Kennzeichnungen für die Startpositionen der Kämpfer; diese haben eine Entfernung von je 1 m vom Schnittpunkt der Diagonalen zu den Seitenlinien.
Ebenfalls ist die Ausgangsposition des Kampfleiters zu kennzeichnen; diese liegt 1 m vom Schnittpunkt der Diagonalen gegenüber dem Kampfrichtertisch.
Um die Kampffläche herum führt eine 2 m breite Sicherheitszone mit der entsprechenden Abmessung von 12 x 12 m.
Die Kampffläche und die Sicherheitszone bilden den Wettkampfbereich.

Austragungsmodus

Es können Einzel- und Mannschaftsmeisterschaften durchgeführt werden.

Der Austragungsmodus ist vor Beginn des Turniers und vor Auslosung bekanntzumachen.

Ein Wechsel des Austragungsmodus während des Turniers ist nicht zulässig.

Zeremoniell

Koreanische Kommandos im Wettkampf:

Chayo taeryon	– Freikampf
Chariot	– Achtungstellung
Kyong-ne	– Gruß
Chunbi	– Kampfstellung
Sijak	– Kampfbeginn
Kalyo	– Trennen (Kampfunterbrechung)
Gyesok	– Weiterkämpfen
Ma-chu-mo	– Drehen
Choi hana	– Verwarnung
Guman	– Ende des Kampfes
Hong-song	– Sieg durch Rot
Chong-song	– Sieg durch Blau
Bi-kim	– Unentschieden
Kam chom hana	– ein Punktabzug
Il hoechong	– erste Runde
I hoechong	– zweite Runde
Sam hoechong	– dritte Runde

Nach dem Aufruf zum Freikampf haben sich die Kampfpartner auf die Kampffläche zu begeben. Sie stellen sich auf den vorgesehenen Markierungen mit Blick zum Kampfgericht auf und begrüßen es nach dem Kommando des Kampfleiters durch Verbeugen.
Danach grüßen sie sich gegenseitig durch Verbeugen.
Der Kampfleiter kontrolliert die Wettkämpfer durch Abtasten.
Die Kampfstellung wird nach dem Kommando des Kampfleiters in der Weise eingenommen, daß ein Fuß auf der Markierungslinie bleibt und der andere zur Kampfstellung zurückgesetzt wird.
Bei längeren Unterbrechungen (z. B. durch Verletzung eines Teilnehmers) kniet der nicht betroffene Kämpfer auf seiner Markierungslinie ab.
Nach Beendigung des Kampfes grüßen sich die Kämpfer von ihren Markierungslinien aus wieder durch Verbeugen. Zwischen den Runden ist keine Verbeugung vorzunehmen.
Danach warten sie mit Blick auf das Kampfgericht auf die Verkündung des Ergebnisses.
Bei Mannschaftskämpfen stellen sich beide Mannschaften nach Beendigung des letzten Kampfes geschlossen zur Verkündung des Gesamtergebnisses auf der Kampffläche auf.

Auslosungsverfahren

Ist eine Auslosung erforderlich, so ist sie mittels Losbriefen vom Listenführer unter Aufsicht des Vorsitzenden des Kampfgerichtes durchzuführen.

Nehmen von einem Verein oder einer Schule mehrere Mannschaften teil, so kann auf Beschluß des Vorsitzenden des Kampfgerichtes eine Setzung dieser Mannschaften vorgenommen werden.

Gewichtsklassen

Das Gewicht jedes Kämpfers in unbekleideten Zustand ist vor Beginn der Meisterschaft zu ermitteln.

Gewichtsklassen

a) Nadel	bis 48 kg
b) Fliegen	48–52 kg
c) Bantam	52–56 kg
d) Feder	56–60 kg
e) Leicht	60–64 kg
f) Halbwelter	64–68 kg
g) Welter	68–73 kg
h) Mittel	73–78 kg
i) Schwer	78–84 kg
j) Super-Schwer	über 84 kg

Treten in einer Gewichtsklasse bei Einzelwettbewerben nicht mindestens 8 Kämpfer an, so ist sie mit der nächst schwereren zusammenzulegen, ausgenommen das Schwergewicht; hier kann eine Zusammenlegung mit der nächst tieferen Gewichtsklasse vorgenommen werden.

Bei Mannschaftswettbewerben besteht eine Mannschaft aus jeweils 5 Kämpfern ohne Beschränkung von Gewichtsklassen.

Entscheidungen des Vorsitzenden

Gegen eine Entscheidung des Vorsitzenden des Kampfgerichts ist kein Einspruch möglich.

Auslegungsregel

Die Wettkampfregeln sind, falls während eines Turniers Besonderheiten auftreten, die durch diese Ordnung nicht geklärt werden können, vom Vorsitzenden des Kampfgerichts auszulegen. Er hat dabei die nach dem Sinn und dem Leben des Sports beste Regelung zu treffen.

Grüßen

(Abb. 456–459)

a) ***Grüßen des Kampfgerichts:***
   Charyot (Abb. 456)
   Kyongne (Abb. 457)

b) ***Grüßen des Partners:***
   Ma-chu-mo-Charyot (Abb. 458)
   Kyongne (Abb. 459)

Die Kommandos werden zu den Armbewegungen gesprochen. Nach Beendigung des Kampfes wird in umgekehrter Reihenfolge gegrüßt.

Vorgeschriebene Kleidung für den Kampfrichter: blauer Blazer, weißes Hemd, Krawatte und graue Hose (Abb. 455).

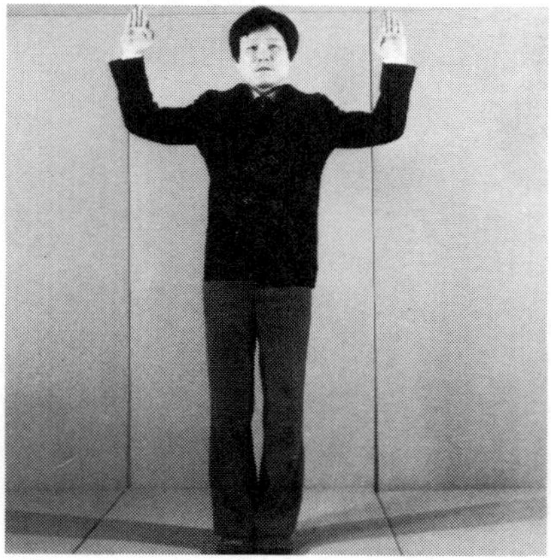

456

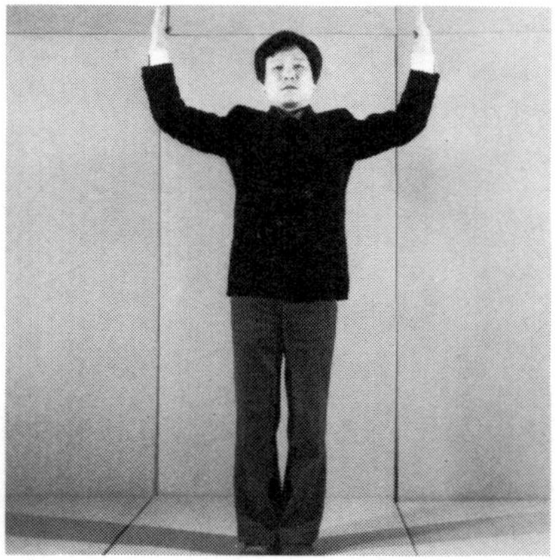

458

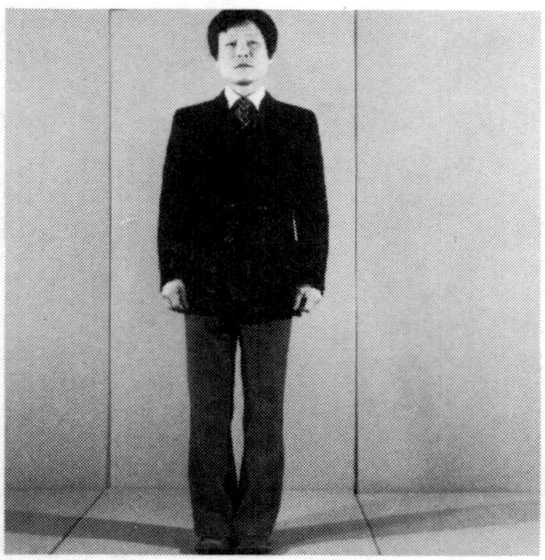

455

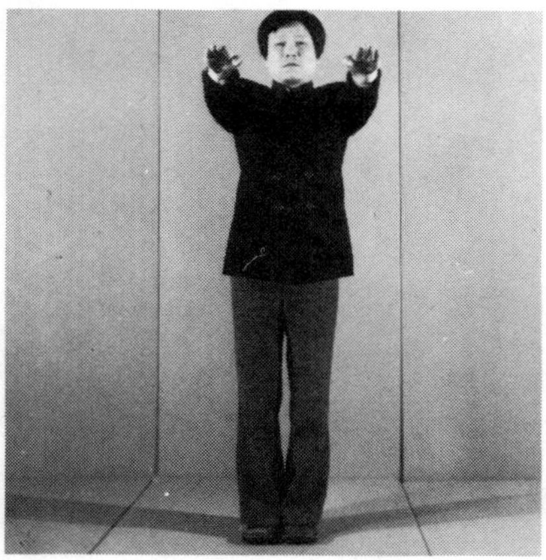

457

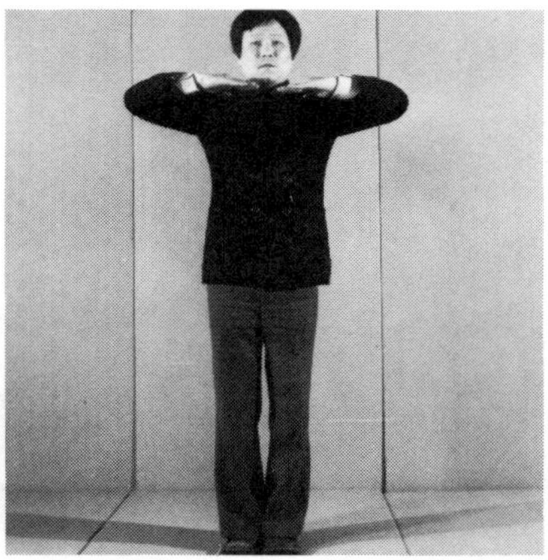

459

Kontrolle vor dem Kampf

(Abb. 460–466)

a) Unerlaubter Schutz vom Ellenbogen bis zum Handgelenk (Abb. 460, 461)
b) Fingernägel (Abb. 462)
c) Unerlaubter Schutz vom Knie bis zum Fußgelenk (Abb. 463, 464)
d) Zehennägel (Abb. 464)
e) Tiefschutz (Abb. 465)
f) Hogu-Halterung (Abb. 466)

Der Kampfleiter überprüft zunächst Chong (blau) und dann Hong (rot). Die oben genannte Reihenfolge ist wegen Zeitersparnis einzuhalten.

460

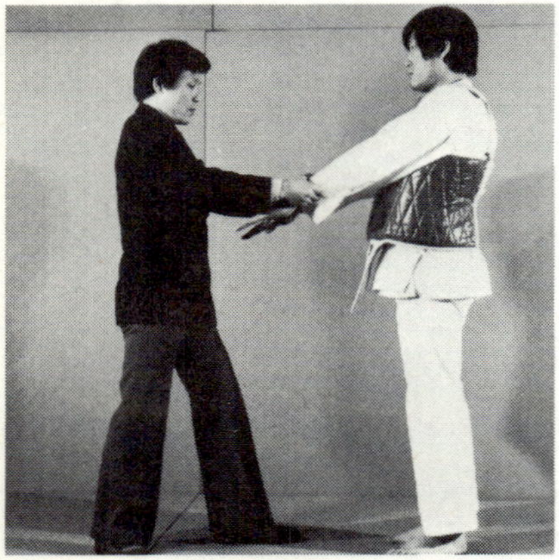

461

462

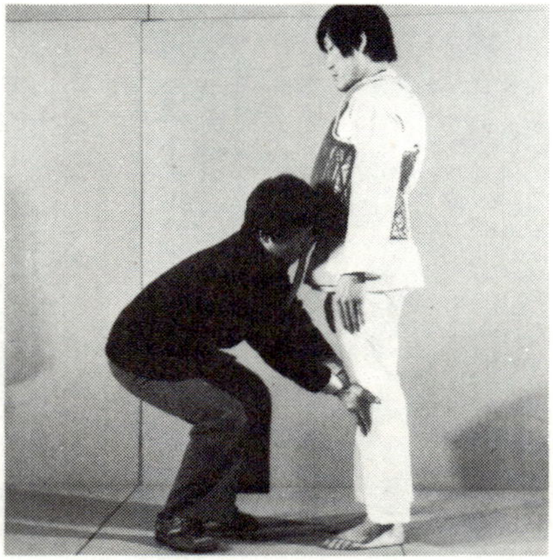

463

466

465

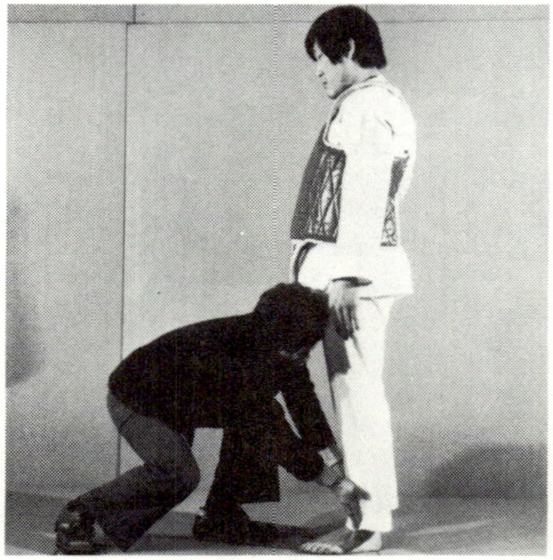

464

Chunbi und Rundenansage
(Abb. 467–472)

Mit dem Kommando „Chunbi" geht der Kampfleiter mit dem linken Fuß vor (Abb. 467, 468). Die Kämpfer nehmen Kampfstellung ein, indem sie einen Fuß zurücksetzen.

1. Runde: Il-hö-jong (Abb. 469, 470)
2. Runde: I-hö-jong (Abb. 469, 471)
3. Runde: Sam-hö-jong (Abb. 469, 472).

470

467

469

471

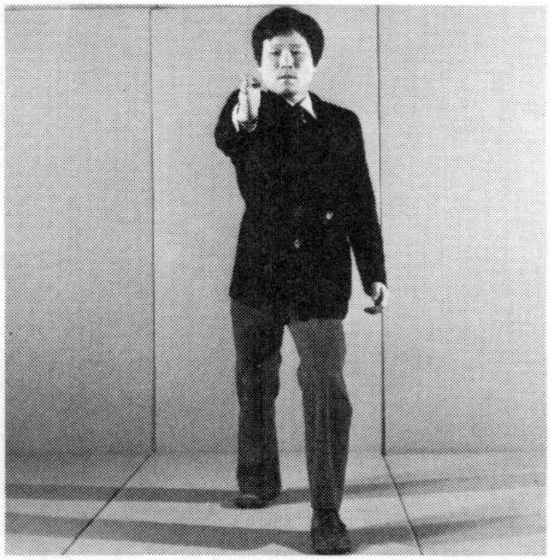
468

Der Kampfleiter ruft die Runden in koreanischer Sprache aus.
Mit dem Kommando „Sijak" (Anfangen) geht der Kampfleiter mit dem linken Fuß zurück und führt beide Handflächen vorn gegeneinander. Ohne daß sie sich berühren führt er diese aneinander vorbei und kreuzt dabei die Arme vor der Brust. Die Bewegung erfolgt schnell und flüssig.

472

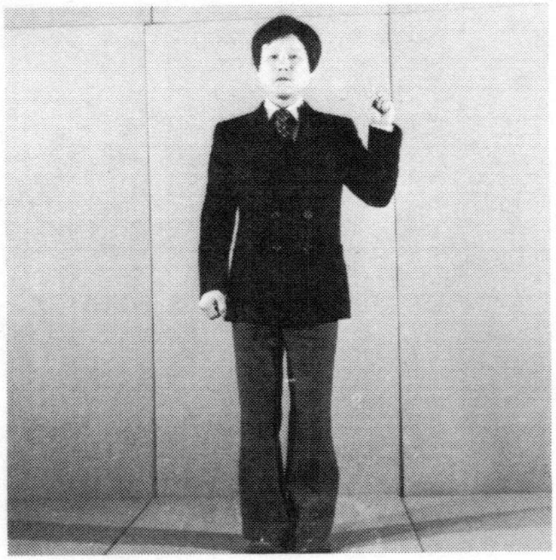
473

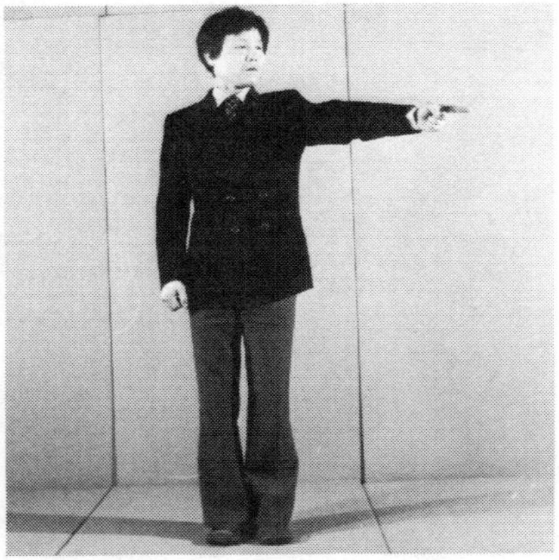
474

475

Anzeigen eines Schuldigen nach einem Vergehen
(Abb. 473–475)

Hong (Abb. 473, 474)
Chong (Abb. 475).
Der Kampfleiter ruft Chong (blau) oder Hong (rot) aus.

Anzeigen der Verwarnungen und Minuspunkte
(Abb. 476–506)

Alle hier dargestellten Zeichen gelten für Chong. Für Hong geltende Zeichen werden entweder mit der linken Hand nach links ausgeführt oder seitenverkehrt zu anderen Chong-Zeichen.

Chui-hana (Verwarnung, Abb. 476, 477).

476

477

Für jede Verwarnung erhält der Kämpfer ½ (einen halben) Minuspunkt. Nach 6 Verwarnungen in einem Kampf wird er disqualifiziert (= 3 Minuspunkte).

Nach 3 sofortigen Minuspunkten wird der Kämpfer ebenfalls disqualifiziert. Die Wertung für Verwarnungs- und sofortige Minuspunkte läuft parallel zueinander. Sie können zum Zwecke einer Disqualifikation nicht zusammengezählt werden.

478

479

Zeichen für Verwarnungen
(Abb. 481–497):

481

Bei Festhalten, Klammern (Abb. 481, 482).

482

Bei Rückenzudrehen (Abb. 483).

483

Bei Werfen (Abb. 484).

484

485

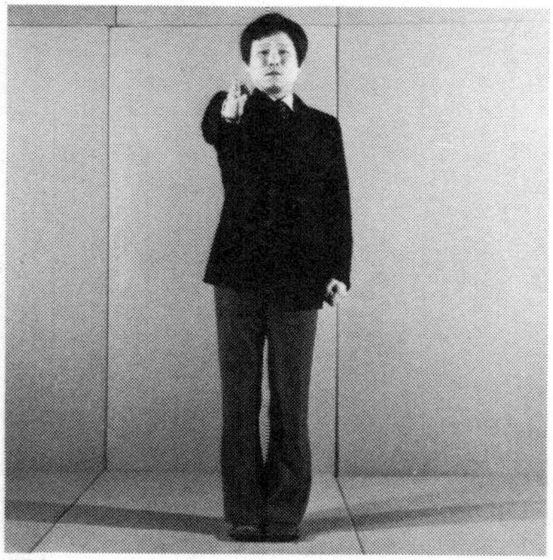
486

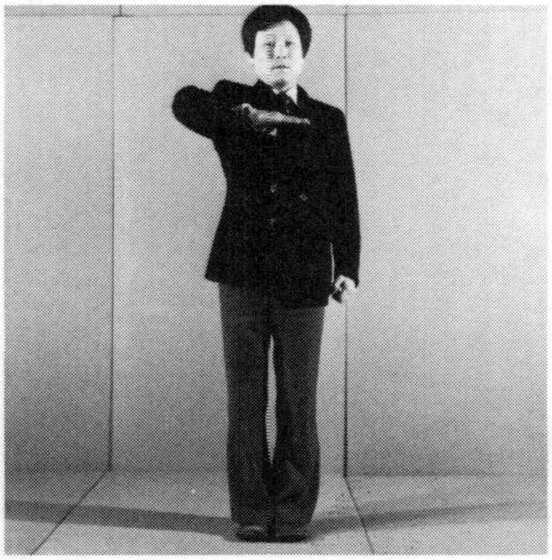
487

Bei Verlassen der Kampffläche mit der Absicht, sich einem Angriff zu entziehen (Abb. 485–488).

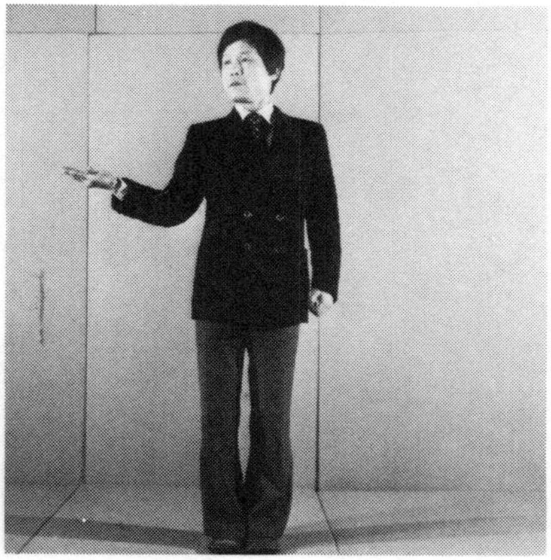
488

Bei Simulieren, Vortäuschen einer Verletzung (Abb. 489).

489

Bei Verlust des Gleichgewichts durch eigenes Verschulden (Abb. 490).

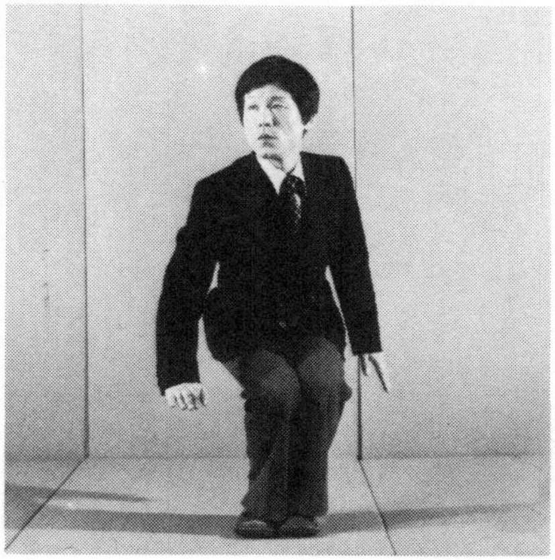
490

Bei Angriff auf Genitalien (Abb. 491).

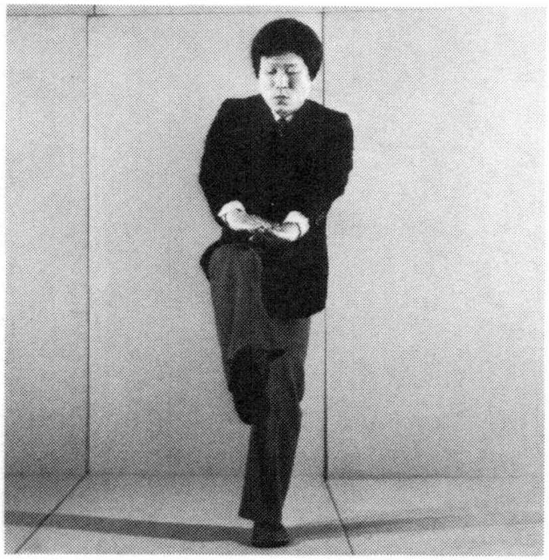
491

Bei Flucht vor dem Angriff des Gegners durch Entlanglaufen an der Begrenzungslinie (Abb. 492–495).

496

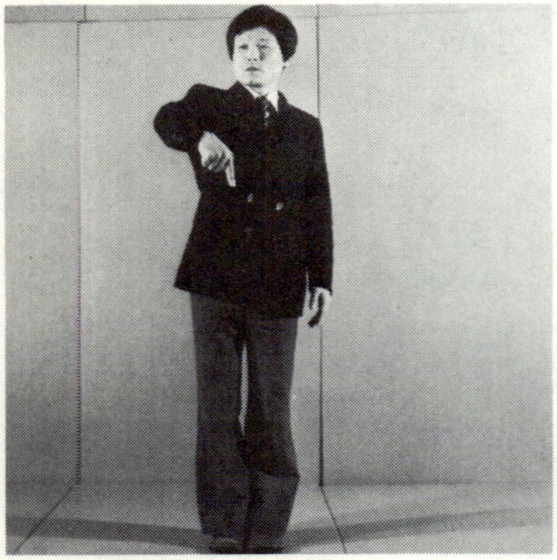
492

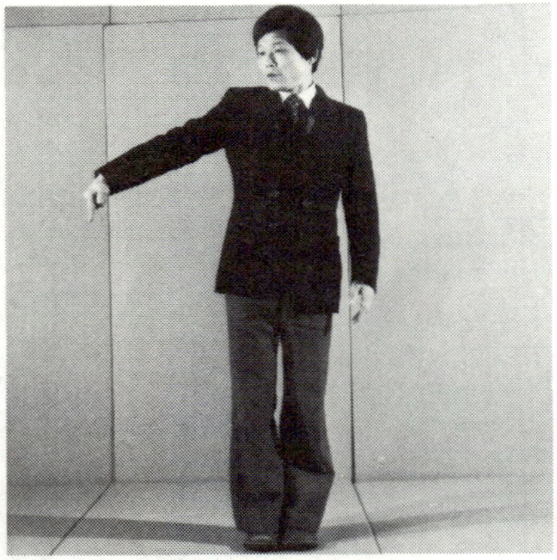
494

497

Bei Schieben oder Stoßen (Abb. 496, 497).

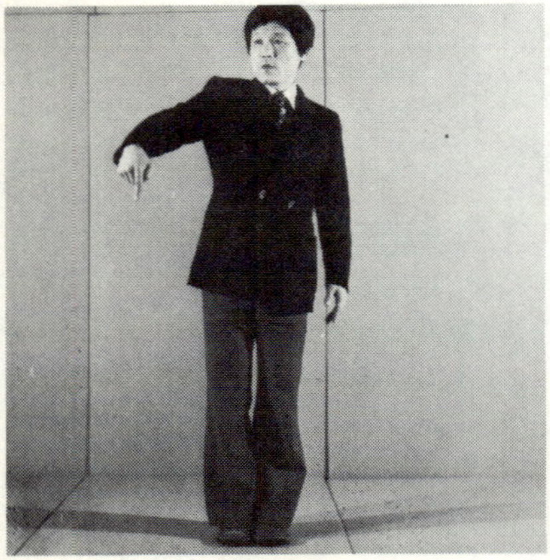
493

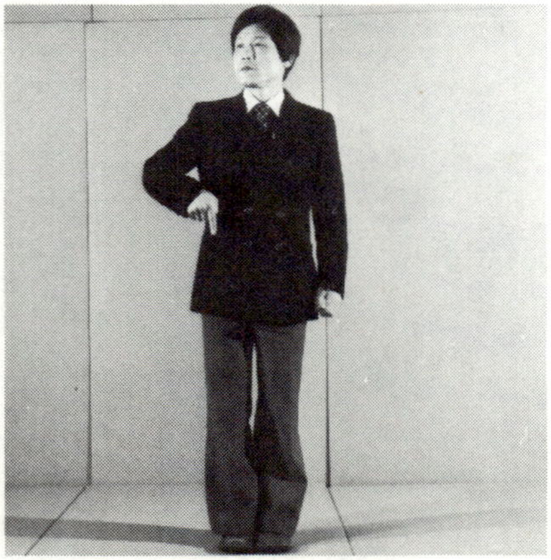
495

Zeichen für Minuspunkte
(Abb. 498–506):

Bei Fauststoß zum Kopf mit Verletzung (Abb. 498–499).

498

499

500

501

Bei Kopfstoß (Abb. 500–501).

Bei Angriff nach dem Trennkommando des Kampfleiters (Abb. 502–504).

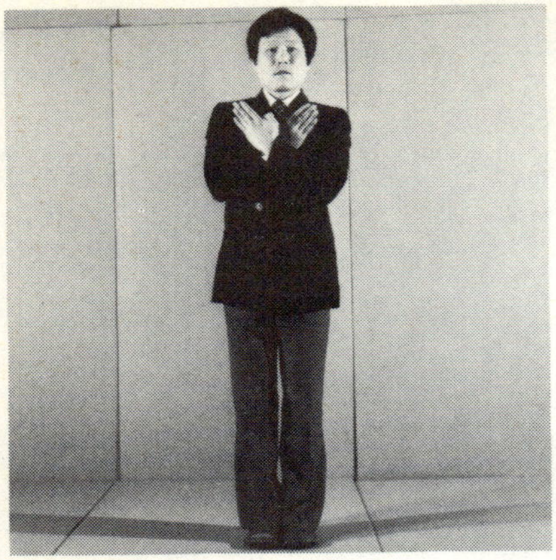

502

Bei Angriff auf einen gestürzten Gegner (Abb. 505, 506).

503

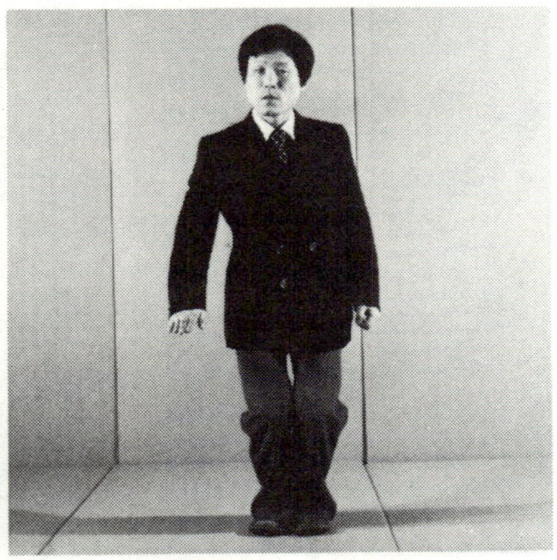

505

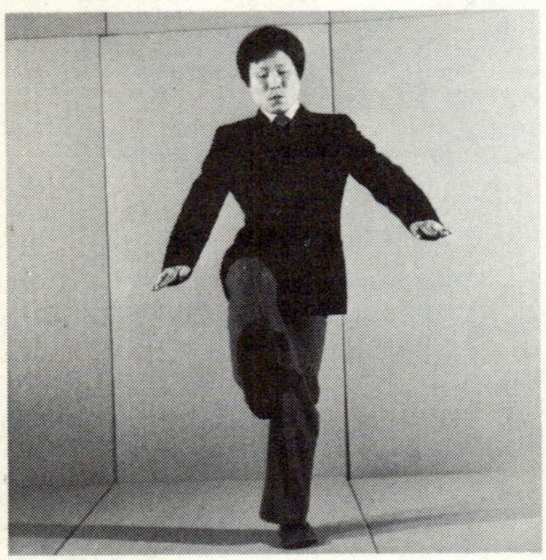

504

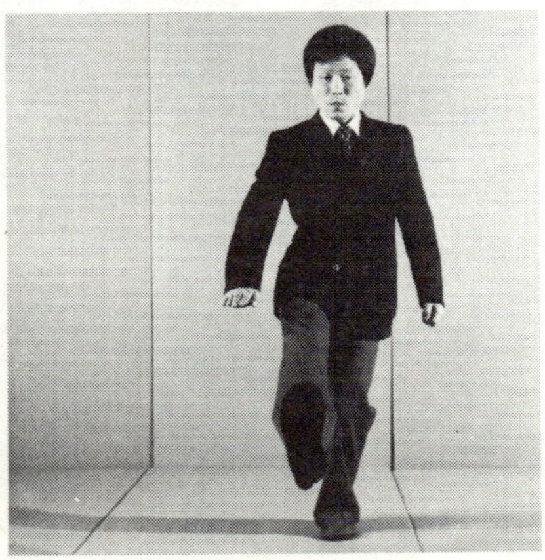

506

Mit diesem Dolyo-chagi landet der Kämpfer einen Treffer zum Brustbein des Gegners

Ein angesetzter Dolyo-chagi wird mit Twio-jirugi gekontert

Abwehr und Gegenangriff kommen bei diesem Kopftreffer mittels Pandal-chagi zu spät

Der Angriff mittels Ap-chagi wird mit Murup-makki und gleichzeitigem Batangson-makki abgewehrt